外国教育学术译丛

PROPOS SUR
L'ÉDUCATION

教育漫谈

〔法〕阿 兰 著
王晓辉 译

2019年·北京
商务印书馆
The Commercial Press

Alain, Émile Chartier
PROPOS SUR L'ÉDUCATION
Paris: Les Presses universitaires de France, 13e édition, 1967.

译者序

阿兰（Alain），真实名字为埃米尔－奥古斯特·夏蒂埃（Émile-Auguste Chartier），1868年3月3日生于法国诺曼底地区的莫尔塔尼欧佩尔什（Mortagne-au-Perche）。

1881年，阿兰进入阿朗松中学（Lycée d'Alençon）读书，开始对柏拉图、笛卡尔、巴尔扎克等人感兴趣。1886年，阿兰在旺夫的米什莱中学（Lycée Michelet de Vanves）做走读生，在那里遇见哲学教师儒尔·拉尼奥（Jules Lagneau，1851年8月8日—1894年4月22日），奠定了其未来的哲学学习方向。

1889年，阿兰考入巴黎高等师范学校，1892年毕业，获得中学哲学高级教师资格（agrégation de philosophie），然后相继在蓬蒂维（Pontivy）的约瑟夫－罗特中学（Lycées Joseph-Loth）、鲁昂（Rouen）的高乃依中学（Lycée Corneille）和巴黎的孔多赛中学（Lycée Condorcet）担任哲学教师。1909年，阿兰开始在巴黎的亨利四世中学（Lycée Henri-IV）继续担任哲学教师，深深影响了许多学生，如西蒙娜·维尔（Simone Weil，1909年2月3日—1943年8月23日，哲学家）、雷蒙·阿隆（Raymond Aron，1905年3月14日—1983年10月17日，哲学家）、乔治·康居朗（Georges Canguilhem，1904年6月4日—1995年9月11日，哲学家）、安德烈·莫洛亚（André Maurois，1885年7月26日—1967年10月9日，作家）、朱利安·格拉克（Julien Gracq，1910年7月27日—2007年12月22日，作家）。

1914年第一次世界大战爆发。虽然法律规定免除教师的服兵役义务，阿兰还是坚持参军，在部队担任炮兵下士，但拒绝晋升。1917年，阿兰因脚被轧伤而复员，仍回亨利四世中学教书。因目睹了战争的残酷，阿兰于1921年发表了反对战争的著作《战神或被审判的战争》（Mars ou la guerre jugée）。战后，阿兰投入促进自由共和国的激进运动。1927年，阿兰签署一份反对关于废除知识独立和舆论自由法律的请愿书。1934年，阿兰与保罗·朗之万等人共同创建反法西斯委员会（Comité de vigilance des intellectuels antifascistes）。

1936年，阿兰在长期经历风湿病困扰之后，又患脑中风，不得不坐轮椅。特别是在20世纪40年代初，他的好友与学生的逝世对其身心打击巨大，他因而身体更加虚弱。1951年5月，阿兰获得法国文学大奖；同年6月2日，阿兰于勒韦西内（Le Vésinet）逝世，后葬于巴黎拉雪兹神父墓地。

自1903年起，阿兰开始为《鲁昂快报》（Dépêche de Rouen）的"漫谈"专栏撰写文章。至1914年，他发表的漫谈短文超过3000篇，之后结集成若干专著，如《关于精神与激情的八十一章》（Quatre-vingt-un chapitres sur l'Esprit et les Passions）（1917年）、《美术体系》（le Système des beaux-arts）（1920年）。阿兰的其他主要著作为：《美学漫谈》（Propos sur l'esthétique）（1923年）、《权力漫谈》（Propos sur les pouvoirs）（1925年）、《幸福漫谈》（Propos sur le bonheur）（1925年）、

《诸神》(*Les Dieux*)（1933年）、《文学漫谈》(*Propos de littérature*)（1934年）、《政治漫谈》(*Propos de politique*)（1934年）、《经济漫谈》(*Propos d'économique*)（1935年）、《精神季节》(*Les Saisons de l'esprit*)（1937年）、《宗教漫谈》(*Propos sur la religion*)（1938年）、《精神的值夜者》(*Vigiles de l'esprit*)（1942年）。

阿兰以哲学家的视角对教育予以特别的关注，《教育漫谈》(*Propos sur l'éducation*)便是他对教育的几乎全部领域的哲学看法。"漫谈"是一种短小精悍的文体，既可以海阔天空地谈及各种领域，也可以对某种思想或社会现象进行犀利的批判。阿兰的《教育漫谈》收集了作者在1921—1931年发表于《自由漫谈》(*Libre propos*)杂志的文章，首次出版于1932年。全书共86章，原著各章以罗马字母排序，考虑到原著的写作风格和我国的文化习惯，译文章次采用中文小写数字，但本序言中的引文出处用阿拉伯数字加括号表示。本书涉及领域极广，从人文科学到自然科学，几乎囊括了当时所有领域的科学知识与常识，但无任何注释。为了方面读者阅读，译者尽可能地查询多种文献，对主要人名、地名及事件加以注释。

阿兰长期在中学担任教师，谈及教育时语言生动活泼，许多话语像警句那样常留人心间，但经常又以哲学的语言表达，不时地戛然而止，给人以无限遐想的空间。本书无法穷尽其闪光的教育哲学思想，只能择其点滴供读者参考。

赞美学校

长期在学校工作，必然会对学校产生感情，但阿兰的感情似乎与常人不同,他赞美学校近乎于绝对的程度。他说,"学校是一个令人赞美的地方。我很高兴外面的噪音一点也进不了学校,我就是喜欢光秃秃的墙壁。"(6)他希望学校与世隔绝,"两耳不闻窗外事,一心只读圣贤书",与卢梭把学校设在大自然之中的主张有异曲同工之处。当然,我们今天已经无法将学校与社会隔离,但适当避开喧嚣、逐利的物质社会还是必要的。

学校不同于任何工作场所,它允许犯错,犯错在学校是一种常态。因此阿兰说,"学校看起来十分美好,因为错误在那里没有任何重大不良后果。"(78)"人们在这里犯错,人们又在这里重新开始,错误的加法不损害任何人。"(29)学校又是特殊设置的空间,"学校里的孩子们看起来很美好,在那里他们找到了适合自己的能力。如果你仔细看,你会发现防护墙与围栏抵御着所有外部的侵袭。儿童在船上或在车上玩耍,还会在路上转弯,但没有水,也没有马"(15)。

学校也有情感,但"学校是另一种类型的社会,明显不同于家庭,也明显不同于普通人的社会,它有其自身的条件和自身的组织,也有其自身的崇拜与激情"(15)。家长可能对于自己儿子的无知感到脸红,犹如为自己感到羞愧,他会失控,事情会越来越糟。但"学校显示出公正,它不必去爱,也不求原谅,因为它从未伤害过谁。教师的力量在于,当他责备之后,随即便不再去想,孩子们都十分明白。因此,教师的惩罚不像父亲惩罚自己的儿子那样,受处分者不会受到伤害"(9)。

学校也有正义,因为"在学校这样的社会,情感不被考虑,既可以原谅一切,也可以毫无原谅。这里显示不出丝毫的爱,也不能期待任何的爱。这个社会所建立的秩序与家庭中的秩序毫无相似之处"

(12)。这里所说的爱，应当理解为溺爱，而学校不会漠视学生的错误。找出学生的错误，纠正学生的错误，正是为了学生将来的正确。其实，学校不是没有爱，只是学校的爱更为理性，也更为公正。

磨练自己

现代教育特别强调兴趣，主张通过有趣味的东西吸引学生学习，而阿兰则反其道而行之，强调"人只能通过严厉的方法取得成就，而拒绝严厉方法的人永远不会成才"（3）。他认为，"人需要通过痛苦来培养，他应当获得真正的快乐，他值得拥有这些快乐。但付出后才会有收获，这是规律。"（5）"真正的问题是尝到苦味，快乐来自战胜苦味之后。我不许诺快乐，我指出的目标是战胜困难。这才适用于人，而达于此只有靠思想，不是靠品尝。"（2）

阿兰坚信，"有兴趣的事物从无教益。"（27）这句话可能有些武断，但一味强调快乐也很危险。阿兰的担心也正基于此，"他们沉湎于轻易得来的快乐，却失去了通过一些勇敢和关注可以获得的更高层次的快乐"（5）。因此阿兰毫不犹豫地宣称："教育的全部艺术就在于让儿童经受困苦，让他们自己提升到成人的状态。"（5）

今天，我们的许多家长都怕孩子受苦，其实经历一定的艰苦对于孩子意志的磨练是十分必要的，只是要把艰苦的锻炼置于合理的范围之内。

学习经典

让儿童学习什么呢？请看阿兰开出的书单：

"去读拉·封丹吧,或者是弗洛里昂,再去读高乃依、拉辛、维尼、雨果吧。"(5)

当然,这些都是法国的伟大作家,距离我们的确很远,但对于法国儿童也不算近。按传统教育学讲,循序渐进是规律,儿童应当从简单的字母或文字学起。但阿兰坚决主张"通过伟大作家进行学习,此外别无他途"(5)。他甚至反对读名著的简写本,"总是需要回到伟大作品,绝不要删减成摘要,摘要的功能仅仅是把我们带入著作本身。我还要说,我们应当读无注解的著作。注解,是虚华的平庸。人文主义将抖落这些蟊贼。"(45)

毫无疑问,学习经典文献对儿童来说确实困难,然而困难可以锻炼儿童的意志,儿童不仅可以直接领会经典作品的真谛,还可以避免受到当代文学作品中浮华与喧嚣的浸染。

学会学习

关于学习方法,阿兰特别倡导阅读。他说,"所有课归根到底是阅读,人们读历史,读地理,读保健,读道德。如果人们从读这些书中掌握阅读的艺术,我就认为已经足够了。"(42)但他主张的阅读,不是一字一句地简单阅读,而是从整体上快速阅读。"学会阅读,不是仅仅认识字母,把字母连起来发音,而是快进,一眼就能看到完整的句子,就能认识词汇的帆缆,就像水兵认识自己的船舰。"(39)

他也主张创新,但创新不能凭空而起。"创新,只有一个方法,就是模仿。思想的好方法,也只有一种,就是继续先前的思想并予以验证。"(54)"学习的艺术因此可以归结为长时间的模仿和长时间

的复制，正如最初级的音乐家和最初级的画家所做的那样。"（54）

做中学，是现代教育的突出特点，阿兰对此也特别赞同。"对于世界上任何学生，不是他所听，不是他所见，而只有他所做。"（6）他告诫人们，"不能只看绘画极好的教授作画来学习绘画，也不能只听演奏家弹钢琴来学钢琴。……不是只听一个能演讲、会思想的人讲话就能学会写作，学会思想。正如人们所说，需要尝试，需要做，反复做，直至进入职业之中。"（37）

书法在法语文化中也许不那么重要，但阿兰非常重视书写。他指出，"书写也是一种操练，可以从中看到形式与踪迹，这是文化的标记，首先也是文化的条件。"（55）其实，书写或书法既是文化的体现，也是人的品格的体现。通过书法训练，可以培养人的优良品质。今天计算机的普及使人们越来越少地动笔，书写变得生疏起来。如果我们有意识地多动动笔，将会改善我们的学习，提高我们做人的品质。

学为人师

作为教师，他们首先需要学习。阿兰所期待的教师，不仅仅是早些时间学习的人。他这样申明："我想要的是自己能够学习的教师，是从源头学习的教师。"他作为中学教师，始终以学习和研究为己任，不断地著书立说，培养无数学生，其中不乏名人大家。

教学要讲究艺术，"教师应当学会教学，不要企图教授自己全部所知道的东西，而是应出其不意地指明一些细节，因为这是引人注意的时机"（33），"如果教育的艺术不是以激发人的才智为目的，就只能付之一笑，因为人的天赋往往因最初的召唤而迸发，继而披荆斩棘。然而，那些处处受限、经常出错的人，那些失去勇气、失去希望的人，正是需要帮助的人"（20）。"教育的全部艺术在于，绝不要把儿童推向顽固之点。什么意思？考虑一下他能够越过的障碍，首先不要点明他的全部错误。也许应当称赞他的优点，忽略其他，什么也不说。"（32）阿兰特别提醒教师，不要唠唠叨叨，"当教师闭嘴，当儿童阅读，一切皆好"（25）。

教师当然有爱，尽管有皮格马利翁之说，但教师的爱还是均衡一些，所以阿兰说，"我们则是另外一种人，我们接受父亲和母亲的委托，需要关爱50余个如同我们亲生的孩子。"（7）"学校与家庭形成对比，这一对比同样把儿童从天然的沉睡中，从将儿童封闭的家庭本能中唤醒。在这里，年龄平等，极少血缘联系，多余的东西都被抹平。双胞胎、同龄的堂表兄弟，在这里便分开，随即根据另外的划分组合。也许儿童可以从这个圈子里的爱和无爱心的教师中解脱出来。"（7）

教师要保持一定威严。阿兰说，"在我看来，教师应有足够的冷漠，这样才能做到自己想要做的事情。""我看到一个大喊大叫的孩子被拖进学校，当学校大门刚刚关上，他便不嚷了，他被学校的力量转变成小学生。这是一种冷漠，迅速有力地形成一种气候，它使教师成为一种职业。"（9）

教育批判

阿兰对于当时的教育学家、心理学家及教育管理者似乎都不满意，他特别讨厌这些人对学校教育的干涉。他十分鄙视地说，"这些多嘴多舌的教育学家，以使已经艰辛的职业变得不可实施而告终，而他们却毫不知晓。"（35）"而另外的一些思想，乍一看光彩照人，但细究起来，便是虚弱而空洞。我认识一些具有这类思想的教育学家，教师们都不知道如何摆脱他们。"（54）

阿兰生活的年代刚好与法国第三共和国时期基本吻合，这个时期资本主义制度得以稳定，国家对教育的控制逐步加强。阿兰担任教师之时，也是法国义务教育刚刚兴起之时，阿兰支持国民教育，但反对国家对教育的严格控制。他指出，"初等教育的课程超出了可笑的地步。小学成了缩减版的大学，唯一的教师首先被要求无所不知，要在半小时的课上全部讲完，要像讲座者那样把讲课内容准备在几页纸上。"（42）他还不无讽刺地描绘督学在课堂上的表演（66），反衬出教学自主的重要性。

总之，阿兰的教育思想极其丰富，要想全面领略其精彩，用阿兰的语气说，那就去读阿兰的《教育漫谈》吧。

目 录

001	一、人因懂得尊重而伟大，而非因幼小
002	二、快乐在战胜痛苦之后
004	三、拒绝严厉方法的人永远不会成才
006	四、注意力是一种向上仰望的期待
008	五、人需通过痛苦来培养
011	六、我就是喜欢学校光秃秃的墙壁
013	七、在学校，错误还会变成一种仪式，丝毫不伤于心
015	八、家庭不善教育，甚至也不善养育
017	九、学校显示出公正，它不必去爱，也不求原谅
019	十、优秀的父亲，可能不会教育其子女
021	十一、不要急于评价人的特性
023	十二、学校不考虑情感
025	十三、学校是自然的事物，孩子群体在那里获得统一
027	十四、孩子群里没有阴谋诡计和阿谀奉承
029	十五、学校是儿童的安全之所
031	十六、儿童的本质是通过学习而发展
032	十七、古老的东西蕴含着新元素，而现代的东西往往无任何新鲜之处
035	十八、真理不能从一种思想注入另一种思想
036	十九、伟大的诗歌可以感动所有人

039	二十、人的天赋往往因最初的召唤而迸发
041	二十一、人文主义对于所有人都有益
043	二十二、一个紧张而匆忙的人听不见任何道理
045	二十三、斑斓的色彩并非光明
047	二十四、记忆并非工作的必要条件,而主要的是工作的结果
049	二十五、当教师闭嘴,当儿童阅读,一切皆好
051	二十六、未能在深度思考中获得愉悦与享受的思维,不过是无光明的思维
053	二十七、有兴趣的事物从无教益
055	二十八、记忆从创伤开始
056	二十九、在学校犯错,不会损害任何人
059	三十、理性的人,在犯错误时并非不理性
061	三十一、所有真实的知识都是经验
063	三十二、需要学习乐观地对待错误
065	三十三、教师应学会教学,不要企图教授所知道的全部东西
067	三十四、神采飞扬的讲话最不值钱
069	三十五、不能阅读或不能书写的课程都是浪费的课程
071	三十六、全部文化的姿态就是谦逊
072	三十七、伟大的位置真是不能给予所有人
074	三十八、成功或失败,都可以重新开始
076	三十九、整体思想才是思想
078	四十、如果缺乏对思维困难的思考,所有教育创新都是无价值的
080	四十一、一切美好的事物都难以获取

082	四十二、阅读才是学习之路
084	四十三、都知道会有失败的结果,就不要去尝试
086	四十四、培养儿童用眼睛阅读
087	四十五、回到伟大作品,绝不要删减或摘要
090	四十六、判断也是沉思
092	四十七、不思考的人不了解人性
094	四十八、没有必要冒着当先知的风险
096	四十九、阅读散文可使人变得温柔
099	五十、一个缺乏教养的人往往表现得过分尊崇他人
100	五十一、简单的看法有时却是最重要的思想
102	五十二、道德无处不在
104	五十三、人的灵魂在作文中表现
106	五十四、模仿是创新的唯一方法
108	五十五、一个杰出的智者毫无嫉妒的动机
110	五十六、愿望的意义高于软弱和怠倦的好奇
112	五十七、他不因你的完美而完美,而是因自身完美而完美
114	五十八、天才具有与所有人相似的好品质,但任何人与他都不相似
116	五十九、当儿童懂一些事,自己便会做出一些令人赞赏的行为
118	六十、让科学精神渗透到各处
120	六十一、积累经验便是学习的艺术
121	六十二、数学是观察者的最好学校
123	六十三、对于真实的宝贵触摸,可以获得清晰的经验
125	六十四、怀疑不是在知识之下,而是在知识之上

127	六十五、几何学是一个美妙的世界
128	六十六、不能思考语言的人就不会思考
130	六十七、需要阅读和再阅读原版书
132	六十八、根本没有现代的人文主义
135	六十九、在崇高之处也有不幸的色彩
137	七十、我们的思想不过是一种连续的追念
139	七十一、以人的观点去思想
141	七十二、向古老知识致敬
143	七十三、没有适当付出便没有正当的身份
145	七十四、疯狂的思想总是模模糊糊,即刻被颂扬、被歌唱、被崇拜
147	七十五、学习并不难,学校的工作不过是安排好的游戏
149	七十六、母爱是社会的第一学校
151	七十七、怀疑是全部科学的工具
154	七十八、考试是意志的练习
156	七十九、组建一个密切的无区分的同届学生群体,所有人相互赞赏
158	八十、著作梗要,虽无危险,却不能生产出合适的东西
160	八十一、相反的观点经常出现在同一个人身上
162	八十二、把成人都难以理解的东西讲授给儿童,是这些道德课程的弊端
165	八十三、没有惩罚,任何威胁都显得可笑
167	八十四、不要轻易同意多数人的观点
170	八十五、艰涩的经历之后需要走出天真
171	八十六、没有任何人毫无所羡

一、人因懂得尊重而伟大,而非因幼小[1]

人们在做众所周知的字母游戏,就是把零散的字母凑成单词。这种组合游戏会激发强大的注意力,三四个字母的小问题,极其容易,却会在相当疲劳的工作中注入一种精气神。这也是学习专业词汇和正字法的极好机会。因此我说,抓住儿童的注意力很容易,就是在他的游戏和你们的科学之间架设一座桥梁。让儿童在不经意间全神贯注地投入工作,之后形成这样的习惯,学习便在他的生活中变成一种休憩和娱乐。关于学习的记忆不再像多数人感受到的那样痛苦。我是在追随蒙田[2]的美好理想,但黑格尔[3]的影子说得更为强烈。

这个影子说,儿童正如你们相信的那样并不喜欢愉悦。在儿童的现实生活中,儿童完全就是儿童,高兴于儿童的状态,但这是你们的想法,不等于儿童所想。通过思考,他拒绝儿童的状态,他要成为人。于是,他比你们更理智,更少些儿童状态,不像你们那样看待儿童。因为对于竭尽全力走向成人的儿童来说,成人的状态是美好的。睡眠是动物的一种快乐,但总是有些灰暗,滑落在那里,沉坠在那里,而

---

[1] 原著中只有各章序号而无标题,为方便阅读,译者根据内容增加了标题。文中注释亦为译者所加。

[2] 米歇尔·德·蒙田(Michel de Montaigne,1533年2月28日—1592年9月13日),法国在北方文艺复兴时期最有标志性的哲学家。

[3] 格奥尔格·威廉·弗里德里希·黑格尔(Georg Wilhelm Friedrich Hegel,1770年8月27日—1831年11月14日),19世纪德国唯心论哲学家。

不能回返。这很好，也许这就是植物与动物的快乐。这也是在不得进步，不能超越自身的状态中的快乐。然而，晃动摇篮不是教育。

这个大影子说，恰恰相反，我想在游戏与学习之间挖掘一条鸿沟。什么？通过字母游戏来学习阅读和书写？通过数榛子，通过猴子的行为来学习计数？我更担心的是，这些大机密并不够困难，也不够庄重。愚人总是快乐，他贪吃，他傻笑，他会吞噬掉你们的好主意。我担心这种乔装成人的野人。在玩耍时，有一些图画；有几个音符，突然莫名其妙地休止。一个关于镭的讲座或关于电报、X光的讲座；骨骼的透视影像；逸闻趣事。一段舞蹈、一些政治、一些宗教。有些人不懂这些词。愚人会说，"我知道，我懂"。其实，不可知晓的事对他来说更是烦恼。可能他会出去。但在字母游戏中，他会坐下并关注，以其严肃的方式高兴着。

影子说，当儿童看到这是学习的时刻，当人们仍然让他高兴时，我更喜欢儿童身上成人般的羞愧。我愿意儿童感到自己还是很无知，还差得远，还是很低下的小孩。我愿意儿童按照人类的次序自助，形成尊重的品质。因为人由于懂得尊重而伟大，而非由于幼小。通过极大的谦逊，他可以构建伟大的雄心，伟大的处世能力。他能自律，他能担当，他总是自强不息。艰苦地学习容易的事情之后，依照动物的本性，他跳跃，他呐喊。影子说，通过对抗与否定，才有进步。

二、快乐在战胜痛苦之后

我该对几个教育学方面的调查做出回答，不过是捉弄般地给教育系统狠狠地踢一脚。我遗憾地冒犯了那些非常善良和极其理性的人们。不过是什么呢？教育学家像是乖孩子，他们不知道冲动的力量。人是动物，上层人比其他人更是动物，我在他们那里发现一种力量，一种自律的力量，但永远是力量。这使我想到，动物在思想，这是任何动物都不可避免的情况。相反，伟大的典范也让我们看到动物与人之间的巨大差距。我知道人们如何训练犬类，越是完美的训练越能造就良犬。我越是能管控它们，它们就越是良犬。

驯服小孩也不是问题，只要为他们好。然而，我们应引导他们自觉地学习，不能强迫他们的意愿。因为意愿之外没有其他人类价值可言。我无意使人习惯于突然而至的声音，像训练看门狗那样。简单地说，教育中的所有习惯训练在我看来都是非人性的。换句话说，引人入胜的经验在我看来都是对于精神的致命摧残。我们有数以千计的案例：野人注意的是狩猎和捕捞、时间和季节的变化、季节的征候；在我们看来则是迷信与幼稚。这是习惯在控制他们。他们善于射箭、跟踪，同时也相信魔法，相信一句咒语便可致命。他们看到现实，担心遭到报应。因此我明白动物因惧怕鞭子而躲避，人刚举鞭，动物已叫。它相信形成习惯的动物活动。它确信，只要见到鞭子，就会疼痛。野人同样单纯，并以同样的方式被控制。他相信，巫师的一瞥便可以毁坏一天的狩猎。因为他相信，他见证过，他所缺少的，野兽也缺少。这类圈套，数以千计，便是对野蛮与狂暴的异常状态的解释。这种野蛮与狂暴在我们身上十分罕见，但儿童却完全没有脱离，因为他生来全裸，在他的皮囊里盛装着全部激情。

急迫地从邻近的野蛮中提取人性的无限危险，要求人们直奔人文目标。儿童应当认识受其控制的能力，首先是毫不相信它，其次是感受到对其自身的工作困难又美好。我不是说所有容易的事都不好，我只是说人们轻信容易的事不好。比如，轻松的注意根本不是注意，或者就像狗在盯着糖。我不喜欢糖的痕迹，但关于苦味杯边带蜜的老故事令我感到可笑。当然，这也不必，真正的问题是尝到苦味，快乐是在战胜苦味之后。我不许诺快乐，我指出的目标是战胜困难。这才适用于人，而达于此只有去思想，而不是靠品尝。

逐步加大困难和衡量努力程度也是一门艺术，因为赋予儿童认识其能力的高境界思想，并通过胜利来支持儿童是一件大事。但认识来之不易且无外人帮助的胜利并非不重要。缺少其自身感兴趣的事物，便无必要去让他感兴趣，就是说不能强迫他对什么东西感兴趣。说好听点，这就是我为什么瞧不起容易引起注意的方法。儿童不仅应当能够战胜烦恼和抽象，还应当知道自己的能力。必须强调这一点，这只是精神文化的实践，这是我们进行智力锻炼不能忘记的原则。因此应当尝试这种艰难的方法，你们将会看到一种美好的志向，一种犬类不具备的精神志向。

三、拒绝严厉方法的人永远不会成才

出生与成长在资产阶级家庭的儿童模仿谈话与礼仪，如让座、送客、敬礼，不会有任何困难。几乎没有什么东西在教，差不多只有人在做。表演杂技的儿童在地毯上尝试倒立或空翻，无论观众在情景中想什么，重力都在严厉地纠正着偏差。也不论家长是否参与其中，儿童的每次失误仿佛都受到打击。这两种方法造就了两种人、两种尊重、两种光荣。一个演奏高手的儿子可以装模作样地演奏，可以获得掌声，受到欢迎，受到王公的赞许，但他却不能如此演奏提琴或钢琴。正是需要经常施压，许多艺人才能通过戒尺的敲打达到精准。从人文价值的结果考虑，我们知道他缺少温柔教育的某些东西。蒙田在乐器的声音中觉醒，但这不是培养音乐家的方法。人只能通过严厉的方法取得成就，而拒绝严厉方法的人永远不会成才。

这并不是说我就赞成棍棒惩罚。皮耶尔·昂（Pierre Hamp）[1]在其书中为我们讲述了他的从业故事。作为一个小面包匠，由于一个可原谅或不可原谅的毛病，他都会被铲刀打在头上，疼痛不已。不知道是不是可以说，如果动作迅速与精准会战胜或落败于这一制度，但许多人知道，那些人就像骁勇的马一样，拼力超过邻马，最后达到终点时不过快了半米。也许拳击手在防御时第一次出手很快且有力，但第二次就可能被打得鼻青脸肿。不能下结论说他甘心失败并以为更好，因为学拳击者乐于被强击，其失误被强力所惩罚，而不是被舆论惩罚。强力的方法当然有些过度。洛克[2]在其教育学论文中告诫，要痛打小小说谎者。这里少点什么吗？缺少的是说谎儿童自己应当要求惩罚。这便是要点。儿童需要自己寻找困难，并拒绝帮助或照顾。不仅是说谎的儿童要这样，平常的孩子也应这样。

---

[1] 皮耶尔·昂（Pierre Hamp）为法国作家亨利·布里雍（Henri Bourrillon）的笔名，其生卒年月日分别为1876年4月23日和1962年11月19日。

[2] 约翰·洛克（John Locke，1632年8月29日—1704年10月28日），英国哲学家。

儿童身上有的，根本不是对玩具的热爱，因为每一分钟他都在脱离玩具之爱，从长裙到短裤，[1]所有儿童会忘记自己昨天曾经是儿童。成长不意味着别的什么，儿童唯一的希望就是不再是儿童。对玩具的爱好不断让步于未来愿望，因此一个接一个的玩具并非无遗憾和无烦恼。儿童要求帮助，他极力想从玩具中脱离出来，他自己不能摆脱玩具，但想成为真正的自己。这是一个开端，是其意志的萌芽。这就是为什么说"保留着棍棒打击的记忆"，因为它值得保留。我们不要担心他被打得不悦，而是应担心他不快乐。他喜欢表面的东西，同时也讨厌表面的东西。如果你帮助他计算，他会让给你计算，他会高兴，因为他是孩子。但如果你不去帮他，或相反你冷静地等待他自助，或不客气地指出他的错误，他会把你当作毫无迎合、毫无欺骗的真正的朋友。至于严肃性，数字本身自行承担，毫不留情。他应当成为价值的主人并以此为自豪。

四、注意力是一种向上仰望的期待

当某个人接着一些人的话说，应当让孩子高兴，应当顺其自然，这才是真正的教育方法。但我从心里很不喜欢这种话，也不喜欢这种奉承的人。当我坐在长椅上，遇到一位充满情感的教授，他很想引起年轻听众的关注。我甚至也说，我们都爱这些年轻人。但我十分清楚

---

[1] 在法国传统社会，儿童出生后通常穿一种长裙，但男孩在7岁以后要换成短裤，这也是儿童新成长阶段的标志，但女孩继续穿长裙。

地记得，他从未能压制住混乱秩序，而这种混乱基本是他不慎重的许可所致。年轻人的活力，人群效应法则，会迅速引起喧嚣，这是自然而然的。我从这里得出一种职业规则：需要引人关注，这我同意，但不必强迫人们关注，特别是不要表现出这种意愿。这一规则对于演说者也适用，在所有艺术中表演者都希望人们关注，只是被深深地掩饰而已。表演不就是取悦观众的职业吗？是的，但娱乐与娱乐不同，困难在于给最初不快乐的人最终带来快乐。

说谎者的技巧可以有若干等级，但都包含着一种狡猾。这些说谎者发明一种背向公众的游戏，大概通过一些小聪明，制造出提高人们适当注意的不同气氛，让观众感受一种不可想象的愉悦。如果我认真地聆听，音乐家的艺术并不是从愉悦开始，而是从强迫开始。首先是在声音中恭维，这使人很不舒服。同时还有恭维的建筑，玫瑰花环的过分渲染。我感觉人是一种既傲慢又难以相处的动物。被宠惯的孩子，满足于恭维，喜欢所有现成的东西。他想要什么，成人想要什么？他看准的是困难，而不是愉快的事。如果他不能把握这些人的态度，就需要成人来帮助。他探求着其嘴里说出的另外的快乐，他首先要把自己提升到可以看到另一种快乐场景的地位。他要求人们将其提升，这才是好话。

通过相信自己这一自然活动，儿童完全知道这句好话的意思。就儿童而言，你只对他的昨天感兴趣，他变小一点儿，你才会让他快乐，但不要瞧不起他。在蔑视中有一点非常可怕，这就是瞧不起自己，瞧不起过去的自己。你只是一个表演者，没有你，儿童的进步才是真正的进步。没有比表演者更让人鄙视。儿童自言自语地说，"对于昨天的孩子,我的游戏已经足够了。"

这就是为什么我根本不相信这些作为游戏之后的兴趣课。这只是未曾学过专业的勇敢者的梦想。当然,应当看到其动机,不过这种职业传授更为粗放与质朴。钟声或哨声标志着游戏的结束,并返回至严厉的秩序。在教学实践中,根本不需要那种不知不觉的过渡,而相反是需要完全的变革,完全明显的变革。把注意力提高一个等级,不再需要像驯狗那样去寻求精雕细刻的快乐。这种注意力也不贪婪,它是一种艰苦、耐心,是一种向上仰望的期待。而狗的注意并非是注意。

五、人需通过痛苦来培养

我不太相信在这些幼儿园里及其他地方注重乐趣的教育方法的创新。这种方法对于成人已算不得成功,我可以引证经过这种教育的人的案例,他们讨厌《帕尔马修道院》或《幽谷百合》[1]。他们只阅读品位次等的著作,所有情节都为了第一眼阅读的快乐。但他们沉湎于轻易得来的快乐,却失去了通过一些勇敢和关注可以获得的更高层次的快乐。

没有任何比发现高层次的快乐更能提高人的素质的先例,而人们总是看不到他首先经历的痛苦。蒙田的著作难懂,但首先要去了解,去探索,去回顾,然后就会发现。同样,通过纸板组合学习几何,可以有一些快乐,但严肃的问题会带来更大的快乐。在最初的课程中,

---

[1] 《帕尔马修道院》(*Chartreuse de Parme*)为法国作家司汤达的小说,《幽谷百合》(*Lys dans la Vallée*)为法国作家巴尔扎克的小说。

理解钢琴作品的快乐并不明显，首先需要经历厌倦。这就是为什么你不能让儿童像吃糖渍水果那样品尝科学与艺术。人需通过痛苦来培养，他应当获得真正的快乐，他值得拥有这些快乐。他应当在获得之前付出，这是规律。

表演职业因收入高而众人趋之若鹜，但其深处却被悄然忽视。图片装饰的周刊封面怎么说？所有艺术和科学在那里看来都是漫不经心。旅行、镭、飞机、政治、经济、医学、生物，都可以在那里找到，但作者摘除了所有带刺的东西。这些微薄的快乐令人烦恼，它带来思想的厌倦，而思想首先是严肃的，然后才有快乐回味。我前面提到的两部小说，鲜有人读。如此的快乐被忽视，而每个人都可以凭一点勇气而获得！我听说一个被溺爱的孩子，接受一份看木偶剧的赠礼。他母亲费力地编造故事，骗取他人让座，使他像老看客一样坐在剧场正中位置。在这种溺爱里，意图膨胀成一只肥鹅。我更愿意带着贫瘠的思想，去探索猎奇。

特别是对于那么质朴纯真，那么生机勃勃，那么充满好奇的儿童来说，我不想只给他们剥开的核桃。相反，教育的全部艺术就在于让儿童经受痛苦，让他们自己提升到成人的状态。这里的雄心并未缺失，雄心是儿童精神的动力。童年是一个感觉不能停留的矛盾阶段，成长迫切地加速这一向前超越的运动，之后成长会特别缓慢。成人会感觉到自己比儿童更少理性，更少严肃。也许这里有儿童的肤浅，有儿童对运动和喧闹的需求，这便是游戏。但当从游戏过渡到工作，也需要儿童感受到成长。儿童将感谢你曾经施加的强力，将鄙视你的抚爱。学徒制是一个很好的制度，会使人感受劳动的严峻。只有通过必要的劳动，才能更好地培养性格，而不是精神。如果像教焊接那样教人去思想，我们只会见到平民的国王。

然而，当我们接近真实思想时，我们常怀一种虔诚之心，并都会处于不懂而先接受的状态。阅读即是崇拜，文化（culture）一词已向我们有所告知。我们需要拥有关于光荣的舆论、榜样、传闻。美丽，当然更好。这就是我为什么远不相信儿童应当完全懂得他所阅读与背诵的东西。因此，去读拉封丹[1]吧，或者是弗洛里昂[2]，再去读高乃依[3]、拉辛[4]、维尼[5]、雨果[6]吧。

这对儿童来说太难了吧？当然，我就希望这样。他们像听音乐那样，首先听到一种和弦，感受到美好事物，这便是第一沉思。播下真正的种子，而不是沙粒。他们看达·芬奇[7]、米开朗琪罗[8]、拉斐尔[9]的

---

[1] 让·德·拉·封丹（Jean de La Fontaine, 1621年7月8日—1695年4月13日），法国诗人，以《拉封丹寓言》留名后世。

[2] 让-比埃尔·克拉里斯·德·弗洛里昂（Jean-Pierre Claris de Florian, 1755—1794年），伏尔泰的侄孙，法国寓言诗人，著名作品包括《爱的欢乐》(*plaisir d'amour*)。

[3] 皮埃尔·高乃依（Pierre Corneille, 1606年6月6日—1684年10月1日），法国古典主义悲剧的代表作家，主要作品有《熙德》《西拿》《波利耶克特》和《贺拉斯》等。

[4] 让·拉辛（Jean Racine, 1639年12月22日—1699年4月21日），法国剧作家，主要作品有《费德尔》(*Phèdre*, 1677)、《阿达莉》(*Athalie*, 1691)。

[5] 阿尔弗雷德·德·维尼（Alfred Victor, Comte de Vigny, 1797年3月27日—1863年9月17日），法国诗人、剧作家和小说家，主要作品有历史小说《桑-马尔斯》(*Cinq-Mars*)（1826出版）、中篇小说集《军人的荣誉与屈辱》(*Servitude et grandeur militaire*)（1835出版）、剧本《夏特东》(*Chatterton*)（1835出版）等。

[6] 维克多·马里·雨果（Victor Marie Hugo, 1802年2月26日—1885年5月22日），法国浪漫主义作家，主要作品有《巴黎圣母院》(*Notre-Dame de Paris*)、《九三年》(*Quatrevingt-treize*)和《悲惨世界》(*Les Misérables*)。

[7] 列奥纳多·迪·皮耶罗·达·芬奇（Leonardo di ser Piero da Vinci, 1452年4月15日—1519年5月2日），意大利科学者、艺术家。

[8] 米开朗琪罗·博那罗蒂（Michelangelo di Lodovico Buonarroti Simoni, 1475—1564年），意大利文艺复兴时期伟大的绘画家、雕塑家、建筑师和诗人。

[9] 拉斐尔·桑西（Raffaello Santi, 1483—1520年），意大利著名画家。

画作，他们在摇篮里听贝多芬的乐曲。

如何学习语言？通过伟大作家学习，别无他途。学习最精练的、最富内涵的、最深刻的语句，而不是会话手册中的无聊之语。先学习，然后打开盛满三重神秘珠宝的所有宝库。我看不到无仰慕、无崇敬之心的儿童能够提升自己。当预感到丰富的人类文明，理性无限发展，通过雄壮之力可以超越儿童时期的无仰慕、无崇敬之心。当儿童形成一种强大的阳刚之气，他便有希望超越自己。这才是无限美好的年龄。

六、我就是喜欢学校光秃秃的墙壁

我们的试验中有两个错误的判断。我们首先想到事情非常简单，但在第一次试验之后，发现其不可能。那些玩转空竹（一种被忘记的玩具）的人，曾经想到这是一个可笑的、没有任何希望的玩物。那么小提琴、钢琴、拉丁语、英语意味着什么呢？

那些技艺高超者的表演先是增强了我们的勇气，但随之而来一个相对的失败则把这一勇气摧毁。这就是为什么好奇心、第一冲动、起初的热情在师傅眼里没有太大的价值，他知道这些储备很快会被消费殆尽。他甚至期待失望与笨拙成为最初志向的理由，因为所有开始的事物，无论好与坏，都应消失，都应被忘记，然后工作才开始。这就是为什么说，如果没有师傅指导工作，具有正当目的的试验便是工作应当开始之时。

工作要求惊异感，而这一点人们从未能足够认识。它不容许把精神作为遥远的目标，但它要求人们全神贯注。割草人的目光不在田野的尽头。

学校是一个令人赞美的地方。我很高兴外面的噪音一点也进不了学校，我就是喜欢学校光秃秃的墙壁。我不赞成墙上挂些供人观赏的即使是美丽的东西，因为应当把注意力放在工作上。无论儿童阅读，或书写，或计算，这些单调的活动对于儿童来说都是一个小小的世界，这些已经足够了。围绕所有这些烦恼，这些无底的空洞，都可以是值得称道的课程。因为带给你这个小男孩的仅仅有一件事，就是你的所作所为。无论你做得好还是坏，马上就会知道。但你还要做你所做。

这种修道院式的简朴从未被其真正的原因所接受，尽管实际上我们还是幸运地从中看到一些简朴的踪影。"哎，孤独！哎，贫穷！"所有抱怨的人都是诗人。我听说一个特别有天分的孩子的故事。他的钢琴教师用较长时间给他讲个人经历、学校和人情世故。之后他可能凑凑合合地讲到贝多芬，但却根本没有弹奏其作品。凑凑合合地讲并不难，难的是弹奏。最终，这个孩子没有丝毫的进步。对于世界上任何学生，不是他所听，不是他所见，而只有他所做才是最重要的。

然而，这一如此缩短对世界观察距离的严厉方法，仅仅是入门。因为，人们收集所有信息，却永远毫无所知。人们学习政务，就是传递命令，复制公函，如此而已。我还是说，做好工作的意愿首先会衰退。所有职业都要有所担当，小学生的职业与其他职业并无二致。意愿过于遥远，会损害当前的行为，并与后续的行为相混淆。弹钢琴者的失望与雄心总是不相上下。两者带入其工作，托付其一切，全部伟大由此开始。

我想在此解释一下，耐心便是由见证所构成，考验的全部意义也正是在于此。而急躁一词总是意味着一无所获，无所进取，困难重重。这种耐心的精神之塔不可鄙视，我在那里看到严肃、克己、完美的高贵思想。但这是早熟的道德，应当克服这种傲慢的腼腆。雄心总是存在于有此倾向的行动之中，如同掌控时间一样，通过谦逊的自我控制，精神便会处于无人察觉的解脱状态。这种意志的艺术不再丧失，但我看不到人们会在学校之外获得这一艺术。正如柏拉图[1]所言，这种艺术对于迟受教育者永远不能获得。

七、在学校，错误还会变成一种仪式，丝毫不伤于心

教育家说，"学校是什么？是否就是一个要取代母亲的更大家庭，去那里没有大的希望，或仅仅是靠近它？年轻人的师范教育需要两个条件。第一，像母亲那样乐于教育其子女。第二，她要有这种能力。而我们则是另外一种人，我们接受父亲和母亲的委托，需要关爱50余个如同我们亲生的孩子。在这个机构里，有一些非自然的、抽象的、非有机的因素。这些因素也许可以因更好的经济学和更好的社会学效果而消失。"

于是，他试图将新思想与旧思想缝缀在一起。然而，老社会学家直摇头，摇得眼镜片闪闪反光。他说，"我们的观察，不等于构思。我

---

[1] 柏拉图（Plato，约前427—前347年），古希腊伟大的哲学家。

不相信我们的学校里有那么多的非自然的和非有机的因素。我也不喜欢人们去追求相互类似的机构。我更乐于想象学校是一个自然的事物，不比家庭缺少自然特点，又与家庭有极大不同，它将不断地完善自身。沿着同样的思路，我听懂了您的话，但学校这个人文场所在我看来是另行重组和编排的。在几个相互合作的邻里家庭中，孩子依年龄划分群组，各自有自己的游戏。这种不同家庭中小孩子与大孩子的划分，是一种权利与义务的自然分配，也是一个不可替代的美好事物。这里是情感的学校，忠诚、信任、崇敬参与其中，男孩模仿父亲，女孩模仿母亲，每个人都是保护者，同时又受到保护，既尊重他人又被他人尊重。但为什么要模仿的人不可模仿？同一年龄的孩子聚在一起，他们学习相同的事物，同时也是一个自然的社会。但不是同一类型的社会，而完全是另一种社会，是另一种结构，而不是我的创造。为什么你要去上比有两只手、有乐感的耳朵、有立体感与色感的眼睛的地方更缺少自然性的学校？"

教育学家放弃其共同点，想着主意，因为这样制定目标对于他来说是轻车熟路，也可以说这种事许多年来都在他的眼皮底下和手心之中。但头脑敏捷的社会学家，其谈话中的整体精神显现出差异。他再一次摇头，斜视着说，"学校与家庭形成对比，这一对比同样把儿童从天然的沉睡中，从将儿童封闭的家庭本能中唤醒。在这里，年龄平等，极少血缘联系，多余的东西都被抹平。双胞胎、同龄的堂表兄弟，在这里便分开，随即根据另外的划分方式组合。也许儿童可以从这个圈子里的爱和无爱心的教师中解脱出来。因为教师就应当无爱心，对，在这里爱心已被忽略不计。教师应当在那里，教师就在那里，他像是真理与正义，只不过依年龄而增长。在这里，生存的幸福被抹去，一切都是来自外面，一切都是陌生。人与人之间显明的是规范的语言，歌声般的语调和无休止的练习。甚至错误还会变成一种仪式，丝毫不伤于心。一些冷漠在这里显现，智慧露出斜视的目光和不可克服的耐力。眼睛在衡量与计算，而不是希望与担忧。时间呈现出维度与价值。劳动展示其冰冷面孔，对苦痛毫无知觉，甚至对快乐也浑然不知。"

八、家庭不善教育，甚至也不善养育

　　家庭不善教育，甚至也不善养育。家庭中的血缘群体发展了不可模仿的情感，但难以掌控。人们自豪于家庭，但每个人都在压抑其心情。这使人感到有些残忍。完全的信任，没有任何自由。当家庭像植物一样生长，缺少朋友、合作者和宗教冷漠者的良好氛围，便会产生一种毫无平等的狂热崇拜。这是一种仰慕的激情与共同的责难。人们不允许任何分歧，因为他们过于期望一致。这一纯粹生物学存在的最显著特征就是年龄差异，年龄体现出无处不在的等级。人们对兄弟间的争执感到惊异，但需要想到的总是有长兄与小弟，家庭共同体中没有平等。共同体稍微开放，反抗思想便会滋生，家庭的本能要对其惩罚。这会造成悲剧，这已经在 7 岁的孩子身上发生。应当认可对父母稍有不敬的想法，应当认可这样很好，而且只能这样。

　　在我看来，信教者群体表现出相反倾向，但却是抽象的反对，即简单的否定。尽管关于家庭关系成为灵魂拯救的障碍的思想未能发展，但已是顽固的思想。需要懂得天主教精神是一种思想自由的精神,并且依然是,将来也永远是。个人灵魂拯救的信条在生物学机构面前永远是丑恶。相反,食用乳糜的权利,对含营养果肉的要求,在宗教精神面前永远是丑恶。这样的划分源自哪里?在《波力厄科特》[1]的庆典之中。

对立面相互模仿实属必然。朴素的教堂便是一个精神的家庭,并在重建家庭。在神秘主义者的盛宴中,人们会发现反对与模仿同时出现在家庭的餐桌上。在那里,有尊敬与信仰的义务,有在童年不可克服的困难。对这些社会组织,应当在生理学方面加以研究,因为无论如何我们带有生物学特征,生物学规律总是掌控着我们。有多少人是以父亲的形象为教条的孩子,而这些父亲在其祖先面前又是孩子。上帝的隐喻像生命运动那样正确,而这些生命运动远远超越我们贫瘠的思想,不时地发出预言,并总是控制我们的思想。

如果人们现在去寻找家庭与教堂的中间项,会找到学校。那些对学校毫无所知的人,对其思想也全然不知。这便是另外的社会组织,对于自然主义者是一个美好目标,但人们极少看到。这个社会组织由游戏构成,同龄人在其中相互结交。儿童们不论陌生与否,自然而然地聚在一起,形成一个游戏共同体,一个交流的社会,而不是家庭社会。但它完全不同于真正的工业社会,它也许没有一点真实的情感,它在一定时间内脱离了欲望和必要需求。如何正确分析这一另类的社会?思想的步骤在那里毫无悲剧的色彩,游戏本身自然会导致游戏的思想,

---

1 《波力厄科特》(*Polyeucte*),法国作家高乃依创作的悲剧。

选择与限制其问题，否认其结果。相当清楚的是，儿童犯了计算的错误，并不因此遭受损害。发现错误，涂抹写字石板即可，错误便一抹了之。在这里，人们会意识到一种粗心。粗心本身当然不好，但却有第一价值，正如体操运动员有能力跌倒而不伤亡。新鲜之处在于，人们刚好看到这个社会组织的结果，所有思想都是自由的，并在短短的时间内可以判断自己。

九、学校显示出公正，它不必去爱，也不求原谅

每个人都知道，家长实施了充足的教育，并愿意其子女也参与其中。我看到一个好父亲，也是一个优秀的小提琴家，却经常对孩子发无名火，最后不得已将其儿子交给几个少些热情的教师。爱而无耐心，也许他希望过高，也许一个最小的疏忽在他看来都是耻辱。当他对比教师关系时，如果教师得到对错误的解释并请求原谅，这种耻辱的感受会比其自己教学时更为严厉。人们如此严厉地对待自己，我并不感到惊奇。人们看自己，不总是感到陌生吗？一个人容易原谅别人的过错，但想起自己的过错，10年后还会感到脸红。对于自己儿子的无知感到脸红，犹如为自己感到羞愧，他会失控，事情会越来越糟。

亚里士多德[1]说过，情感转瞬变成专制。需要看到两个侧面。当父亲看到年轻人的浅薄，会想象他的儿子对此毫不喜欢。但孩子自己还

---

[1] 亚里士多德（Aristote，前384—前322年），古希腊人，伟大的哲学家、科学家和教育家。

不大理解其父亲强加于自己的东西。他尝试感受各种迹象，但在这里并无成功，转而失望。反抗意识和冲动危机深深地困扰着家庭，而学校可以随即化解。我看到一个大喊大叫的孩子被拖进学校，当学校大门刚刚关上，他便不嚷了。他被学校的力量转变成小学生。这是一种冷漠，迅速有力地形成一种气候，它使教师成为一种职业。

感情是宝贵的东西。没有付出，就不能期待获得。暴君想当然地认为，威廉·退尔会因其儿子而颤抖[1]。然而，弓箭手这样解释：不要过分关注射箭目标。在我看来，教师应有足够的冷漠，这样他想要的事情，才能做成。父亲可以对儿子说，"做这件事使我高兴"，但条件是不要盯住，不要查看，不要教诲。因为陌生事物、过于明显的良好意愿、热情、活力等，所有类似于冲动的事情都与智力练习毫不相关。一个事物让你激动时，无论何种理由，你都不能由思想主控。首先需要运用感觉来表达。

另一方面，教师绝对不可以说，"做这些事或那些事使我高兴"。这不仅侵犯了家长的权利，儿童也会感到极其羞耻，就像经历了一种不公正束缚的情感体验。这种情感伤害了那些无权选择的人。来自家长的感受，所有人都像父亲的感受那样，会是怪怪的。社会的每一种关系都有其特性，对待父亲有对待父亲的做法，对待教师有对待教师的做法。一些人对此有些顾忌，父亲担心溺爱，教师尽量示爱。我认为，

    1　威廉·退尔（William Tell；Guillaume Tell），瑞士民间传说中的英雄。13世纪，统治瑞士、奥地利的总督肆意压迫人民，竟于闹市竖一长竿，竿顶置一帽，勒令行人鞠躬于帽。一日，农民射手退尔经其处，因抗命不鞠躬而被捕。总督命在退尔幼子头顶置一苹果，令退尔以箭射之，中，方得免罪。退尔在镇定中射中苹果。

这些顾忌弄糟了一切。每个人都应处于自己的位置，差异产生和谐。情感的力量，如其所求，便是原谅一切。权威则与此相反，它弱化辨识思想、激发情感的意愿。如果它假装出爱，便十分可憎，如果它真爱，也是毫无力量。我看到，那些掌握手艺的人也都知道，当儿童发现通过懒惰与无聊来真正搞坏师父的能力时，就会滥用这种能力。当我知道混乱很快会发生，善心便随之呈现。学校最终并不是一个大家庭。学校显示出公正，它不必去爱，也不求原谅，因为它从未伤害过谁。教师的力量在于，当他责备之后，随即便不再去想，孩子们也都十分明白。因此，教师的惩罚不像父亲惩罚自己的儿子那样，受处分者不会受到伤害。

十、优秀的父亲，可能不会教育其子女

苏格拉底[1]注意到，一个非常优秀的父亲竟然不知道怎样教育其子女。我也看到一个教养极好的老祖母，却从未教好自己孙子的算术和拼写。这些反常真令人气愤；其实是因为家长总是相信教师缺乏热情。他们通过自身的体验惊奇地发现，问题是热情不足。而我却要说，热情有害。

显然，教学与其他职业一样，是一种职业。但我绝不相信方法上的一致。此外，我也看到，那些深谙这一职业的教师，或是在教授小提琴上，或是在教授拉丁语上，也未能成功地教育好自己的子女。这

---

[1] 苏格拉底（Socrate，前 470/469—前 399 年），古希腊著名的思想家、哲学家、教育家。

一职业的力量，不是在我们探寻的那一点上，而是在其以下。这就是挣工资的教师，他们按点来，按点走，再去教其他课。这里有着固定的、外在的程序，儿童是否在场，教师都不在乎。课程呈现出迫不得已的面孔，这就是课程所带来的东西。如果儿童有荒废一点时间的小小愿望，就不会顺从严肃与关注。每个人都十分清楚，一个想成为教师的父亲，都不是时间的奴隶，孩子也不想荒废时间。他不想受制于毫无理由的规则，也不习惯于一下做完全部工作。他有花招。然而，对于所有课程的骨干，尽管不是最重要的，人们却不能在必不可少的内容前耍花招。那些诸如"应该"等小词汇的意思，已经很明白了。

另外的结果是这样。父亲陶醉于效果不错的课程，并继续教这门课程。在固定时间上维持注意力，乃是一个更大的错误。那些规训跑步者的人，都知道不能放任那种不知疲倦的狂怒。挣工资的教师也许不够明智，但幸运的是外部的必然要求提醒着他，他会按照钟声起身。在任何时候，没有比不利用快乐的工作更好的事情了。人们合上书，去做另一种事，然后就会再现阅读的冲动。漫不经心起始，深思熟虑在后。这更体现在儿童身上。

我们还看到，父亲是十分挑剔的，但很快便不耐烦。这里有很多原因，诸如他期望太大，对孩子过于重视，但孩子毕竟年龄不够，经验不足。糟糕的是，他总有一种感受，认为一个最小的错误看起来都很严重。当孩子在他那个年龄时还显得轻薄，就会被怀疑不爱父亲；稍不严肃，在他看来都是可怕的离经叛道。他遵守这些规矩，他懂得被爱，他要求被原谅。这些小小悲剧之后便是和解，并且掺杂着温情与怨恨，但远比语法学习更有兴趣。真诚与深厚的情感使这个令人生畏的事情变得无所谓，这不是他们自己的胜利。人们希望被爱，但不显露其值得被爱，所有类似于交易和奖赏的东西都受到极大鄙视。这就是为什么在所有真实的情感中会有一些矫情，用来检验人们的感受，直到使人感到一种不受惩罚的不愉快。当然，无论是对于父亲还是孩子两方面，拼写方法在情感之前都无关紧要，这个美好思想会很快把语法、历史和算术湮没。

十一、不要急于评价人的特性

我的奶弟是一个沉默寡言、机敏的孩子，我也知道他是一个热情的人。我总是喜欢他跟随着我，我们在一起做小船、制火药、养蚕。我完全记不得跟他有什么不当的地方，在我们的玩具中，也不区分他的和我的。他本来像平常的孩子那样漫不经心，不管不顾，毛毛愣愣，但当他和我都在我父母的掌控之下，就跟我一模一样，在权力面前表现得听话，礼貌得体。

当我们在他家里，在另外的权力统治下，情况便有所变化，有的是可怕的暴力与惩罚。我记得，他父亲一个接一个地把20多个铅制兵偶砸烂，以教训孩子须向祖母问好，但他什么话都不说。我在这个私人战争外面，面对这些兵偶的场景，极其震惊。但只有当我们这些小孩自己在一起时，不好的心情一扫而光，又重新开始我们的游戏。而当祖母、祖父或父亲的权力再现时，哪怕是表面平和——我应当说——都难以接受。调皮的孩子随即反击，根据战争的规则公开地防卫。他们往窗户上扔石子并还以辱骂，但他从未对我说那样的话。最后，家长们重新买一块玻璃，但却让孩子带着纸糊的驴耳帽，让过往的行人看，或在他的脖子上挂一个牌子，上面写道：说谎者、坏孩子、没心没肺的人，等等。

这场战争如何开始，当时我并不知道，但我现在理解是因其自身的冲动而持续。父亲幻想用一种方法管教其儿子，认为不能用软弱的方式制服他。儿子则想保持一种不屈的光荣，用父辈的话评价就是：说谎与粗暴。然而，恶作剧终于被遗忘，调皮的孩子变成与其他人相似的人。

自此以后，我经常发现人的本性，无论是孩子还是大人，都很容易被他人的评价所造就，正像戏剧中的接话那样。也许还有更深刻的理由，这就是一个人有对认为他就是说谎者的人说谎的权利，有殴打认为他就是野蛮人的人的权利，等等。相反的例证比比皆是，人们几乎不会打一个双手插在衣兜里的人，人们也不愿意欺骗相信他的人。我从中体会到，不要急于评价人的特性，比如总是说某人愚蠢，某人懒惰。如果你发现一个逃犯，要给他救赎的权利。在所有罪恶的深处，也许还有一些我们认为的误判。在人类关系中，判决需要证据，证据又强化判决，这些关系把我们引向更远之处。我试图绝不做过高的判断，也不做过低的评价，因为观察与态度会充分地表现。我经常等待着恶之后的善，因为善恶的交替经常源于同一因果关系。因此，大体上我并没有搞错，不是所有的人都是富翁。

于是我坚定地相信，每个人的生与死都在于其本性，鳄鱼就是鳄鱼，这几乎不会改变。但这一本性属于生命的序列，完全在我们的判断之下。这种本性如同生命的状态，既无所谓善，也无所谓恶，既无所谓美德，也无所谓邪恶，不过是一种不可模仿的、单一的性格，或是真诚，或是狡猾，或是严厉，或是宽厚，或是吝啬，或是慷慨。你们会发现，在一次遇到的勇敢者和另一次遇到的懦弱者之间并没有太大差别，或者说在两个英雄或两个懦夫之间也没有太大差别。

十二、学校不考虑情感

社会学家研究野蛮人的习俗时，备感惊讶。他们也研究儿童的习惯吗？对儿童的认识还相当贫乏。每个人都想根据在家中的观察，以自己的偏见来评价儿童。社会学家应当避免这种错误的方法。儿童并不是只在与同伴的关系之中，他还在长兄和青年人之间，并被身躯中体现的不可遏止的情感所驱动。只是在学校中，他才找到其同伴，获得其平等。在学校，他成为另外的人，时好时坏，总有不同。几乎所有教师对此都有所忽视，他们依赖于感受，而感受总是十分微弱。人们根本不是发号施令的父亲。一个单独的孩子在陌生人面前通常表现得有礼貌，但当你把众多同龄孩子召集在一起，由于模仿与感染，便会在这一群人中产生一个强大的气场。如果你相信这个集体只是个体的简单集合，他们的反应、想法、情感也不过如此，你将会一错再错。你会看到不停的吵骂，各种各样的面孔。

这一儿童群体能够去爱，去尊重，但首先不是凭思想，而是靠每个人的能力去爱，去尊重。这种集体感受如此强烈地被铭记，乃至在他们孤单时仍会有所存留。只是这一群体首先要守秩序，要安静与专心。安静也像狂笑那样具有感染力。如果这个儿童群体没有一个好的开端，就会丧失一切，经常无药可医。狂笑甚至会有损于最聪明和最安静的人，使他们感到像大海中盲目航行的船只。礼貌这一家庭习惯，在此不再有位置。儿童便处于野蛮状态，没有希望成为一个值得尊重的、忠诚的、热情的人。

在这种困难形势下，能够启迪教师的首要思想是：在混乱无序之中不要有任何恶言恶语，甚至不要有这样的想法。这是由数量导致的物理效果。这种想法之后，可能导致宽容，也可能导致严厉。因为这些想法根本与思想无关，也与评价无关，有的只是阻止的效果。如果教师因此施加一种有形的力量，直接反对混乱，则马上会获得胜利。我在那里听不到他继续战斗的声音，但他最终并不是最强者。对于处于骚动年龄的孩子，他具有明显强大的惩罚力，但这种惩罚如果具有一种自然的力量就足够了。

当我还是孩子时就发现那些遵守秩序的人——比如他们打扫房间、整理物品——总是担心那种对任何事都抱有无所谓的态度。毫无例外，那些试图说服、倾听、讨论、谅解承诺的人却被鄙视、讥笑，甚至可悲的是被人憎恨。相反，那些毫无热心的人却受人爱戴。

父亲的情况完全是另一种样子。一方面，他爱自己的孩子，孩子也知道这种爱。另一方面，孩子在被惩罚之后也有惩罚其父亲的可怕方法。然而，孩子仍然还爱父亲，特别是孩子在他那个年龄时单独在父亲面前更爱父亲。当全家男女老少都聚在一起，家庭也是一种调节器和见证者。值得注意的事情是，父亲的权力完全是不可教的，只能被理解。拼写错误被认为是故意冒犯，而内心真正的激动可以抹去拼写错误。在学校这样另外的社会，情感不被考虑，既可以原谅一切，也可以毫无原谅。这里显示不出丝毫的爱，也不能期待任何的爱。这个社会所建立的秩序与家庭中的秩序毫无相似之处。需要指出的是，人们还很少知道这些特性。怎么没有一个社会学家认真考虑这个问题呢？

十三、学校是自然的事物，孩子群体在那里获得统一

在吉卜林（Kipling）[1]的书中，大象可以拉长绳，拔木桩，回应夜莺的叫声，跟着其他大象跳舞，参加任何人都没见过的仪式。之后，人的这个忠实朋友又回到它的木栅栏。一个离开孩子群的孩子躲在关闭的窗户后面，听着其他孩子们的叫声。孩子与家庭有着牢固的联系，他与孩子群的关系也并非不自然。在某种意义上说，他在孩子群中比在家中更少陌生，因为他在家中根本体会不到平等，也无同伴。这就是为什么自从他能够摆脱束缚时，就跑去游戏，因为这是儿童群体的庆典与崇拜。完全幸福地模仿其同伴，在同伴的跃动中看到自己跃动的形象。

孩子在家里就不是他自己了，而是模仿所有人，他模仿的人与其

---

[1] 约瑟夫·鲁德亚德·吉卜林（Joseph Rudyard Kipling，1865年12月30日—1936年1月18日），生于印度孟买，英国作家、诗人。主要著作有儿童故事《丛林奇谭》（*The Jungle Book*，1894年）。

年龄完全不符。这令人讨厌，人们却了解不多。这时的孩子就像外来人，因为他既体会不到人们对他的感受，也理解不了人们对他的表达。人们对这些坏孩子也许丧失了耐心，只能切断他们与孩子群的联系。孩子群既不信宗教又有宗教色彩。在他们的游戏中，有一定的仪式和祈祷，但没有任何外部神祇。他们有自己的上帝，对自己的仪式十分虔诚，不崇拜任何其他东西，这是最美好的宗教时代。不信教者看到这些会感到丑陋，而要参与其游戏则更感到羞耻。伪君子不能欺骗有信仰者。信仰之上的性情冲动是不可理解的。我记得一个脾气急躁的父亲要跟我们孩子玩铅制兵偶，而我清楚地看到他根本不懂游戏，他自己的儿子表现出不高兴，他便把兵偶全部打翻。在我看来，大人绝不要和孩子一起玩，最明智的做法就是保持和蔼，对待他们像对待陌生人那样。当孩子与其同龄伙伴分开时，只有独自玩才好。

因此，学校是自然的事物，孩子群体在那里获得其统一，同时还有一个学习的仪式，但需要教师保持陌生与疏远。当他靠近孩子、指使孩子时，便有不快，犹如秘密社团中进来一个外人。孩子群有其不可侵犯的规则，他们为其自身而保护这些规则。玩伴之间的关系之牢固，甚至维系到其成人后，有时候与一个20年未见的人，或与一个几乎不认识的人瞬间可以成为朋友。孩子群就这样成长起来，形成成年人的朋友圈，却与其兄长，与其弟辈形同陌人。同长兄的交谈总是别扭，而与父亲交谈更是几乎不可能。但与不同年龄的陌生人交谈则比较自然，与书写课或科学课或文学课教师的交谈也会比较自然，因为教师认识到他们的差异并会保持这种差异，不像兄长或父亲那样总想靠近，总想教诲，却又心急生气而不能成功。教师因此可以充当家长群体与儿童群体之间的使者和中间人。

十四、孩子群里没有阴谋诡计和阿谀奉承

孩子群也将重新组合，组建新的"十月议会"。

家庭在这个空档期的思考权已经耗尽，更不适应孩子群，因为通过情感交流，每个人都回归于自身，行使其奴隶的权力，任性而无所顾忌，从而导致控制能力低下，烦恼处处笼罩。孩子的东西被拿走，自己也被限制在家中，艰难地忍受着家人一致的斥责。然而，他还会拿到自己的东西，重新在其议会中找到自己的思想。可以说，学校适合儿童的思想，只不过人们太少提及。他可以说只有在学校才有思想，此后还可以说，我们的智慧只能是这个美好时光的记忆。

经验几乎无教益，甚至依据最严肃的方法也是这样。那么是谁提出了这样的本质问题？也许是一些教师，他们自己被孩子群体大会带回到童年。孩子群体大会比学院大会更为强大，在那里没有阴谋诡计、阿谀奉承、衰弱与暴躁老人的强势，有的是纯洁的经历和真诚的思想。对于众多儿童，合乎人情的经验替代了其他人类经验，即成功靠的不是理性，错误经常被奖赏，有时还被过分惩罚，时间迂回地流逝、浪费，因为需要碰到好运，需要靠吹长笛谋生时却遗憾只有小提琴。每个人都过分地承受着人类的偶然。相遇会带来事物，行动走在思想之前。

孩子群存在于这样暴躁的运动之外。这些孩子带着自己的书，穿过街道中的各种事物，便遇到按照其规格和期望排列的其他事物，作

业本和练习题。课程不是小事,因为需要遵循。没有任何从学校毕业的活生生的人不遵守课程,也不能不按照困难顺序从一个问题跳到另一个问题。不是倒着读书,不是不用时间读完一章或仅仅一句就能成功。学校有这样宝贵的条件,大家平等地按部就班地学习。优秀者复习学过的东西,满足其好奇心。通过这样毫无质疑的帮助,获得一种惊人的安心。根据每个人的方法,在任何时刻都能够确定自己的信念与信心。对于最微小的事情,对于维吉尔(Virgile)[1]的诗歌或计算,可以在教师的帮助下,通过一致的论证或大家的讨论,得出真正的看法。与同伴们一起去学校,一起讨论某一分词或某一特殊的重量;每个人都抽出一张纸,经常在上面犹犹豫豫地对权威的信仰进行修改,而这种权威竟来自于无尊位、未戴尖顶帽的娃娃们。这是多么美妙的事啊!这种人类精神的幸福状态绝不会再现。即使是两个教师在一起也不会有这样良好的信赖,也不会有对真正价值的纯粹评价。

  孩子群制造思想,而成人群体的思想实际上产生于他们所能做的事情之后。他们经常用钳子砸东西,扭曲着钝剪子去剪铁皮。他们做什么都凭着我所说的急急忙忙、出乎意料、怒气冲冲的情绪。这些扭曲的主意有时相当漂亮,带着对战争痕迹和整体精神的路线。这就是为什么说课堂上的书脊都是值得注意的美好事物,值得记忆与回顾。

---

  [1] 维吉尔(Virgile),本名为普布利乌斯·维吉利乌斯·马罗(拉丁语:Publius Vergilius Maro,公元前70年10月15日—前19年9月21日),古罗马诗人,其作品有《牧歌集》(*Eclogues*)、《农事诗》(*Georgics*)、史诗《埃涅阿斯纪》(*Aeneid*)三部杰作。

十五、学校是儿童的安全之所

  儿童的恐慌和溺亡使我想到学校,这个单纯是儿童的社会应当与自然分离。学校要像公园,即是由人描绘的、安排的、限制的自然。所有活动都按照学校的工作和游戏进行,无任何生产活动与防卫事业的现实担忧。所有的条件都根据儿童本身的特点设计,绝对不需要防止冲动。如果有一个来自母亲或奶妈的上面力量,不能把儿童从冷漠的地面上拉起来,儿童的绝望转而变得无限扩大而导致抽搐。这对于这个年龄的孩子过于严酷,他不能重新回到刚刚从那里出来的人体里。对于这个小小的存在,有着温暖与怜爱,有着眼泪与睡眠这样有效的方法。

  在怀抱中的孩子上,人们准确地把握着不谙生活的童年和保持童真的人性之间的分寸。人们可以到处看到,甚至在走出我们城市的活动中,怀抱中幸福的或熟睡的孩子无论是在行走中还是在汽车中,都安静得像在摇篮中一样。我们以为是儿童的乖巧,其实是我们的明智,并非儿童的乖巧。

  学校里的孩子们看起来很美好,在那里他们找到了适合自己的能力。如果你仔细看,你会发现防护墙与围栏抵御着所有外部的侵袭。儿童在船上或在车上玩耍,还会在路上转弯,但没有水,也没有马。当儿童具备真实能力时,当能够驾驭羊车时,需要把一切管控好、安排好,使羊、车和儿童都在奶妈和管家的更高能力掌控之下。我们不能设想驾驶真正的有轨电车,但可以是小型号的作为儿童玩具的车，儿童可以是领航员、驾驶员和游客。机械力是盲目的、非人性的，根本不能用来游戏，或者说，小型机械玩具，小脚翻筋斗，均毫无伤害。

　　在人类生活的公共条件下及自然中，孩子就是一群令人害怕的小魔怪。他们是冲动的先锋，他们身上也许隐藏着各种活力。儿童集体需要在平坦的地面活动，无秘密，无陷阱，所有都是游戏。一旦出现险情，儿童集体应当分开，由近处更强的人们实施管理，以防止用恐惧抗拒恐惧。众多家庭在面临去默东[1]旅行的日常危险时，都能够把握这个在掌控中的自然状态和掌控好的自然状态的恰当尺度。还需要想到，这里的孩子们都是同一年龄，长兄在防卫职能上自然是理性与勇敢的化身。学校则相反，它集合了同一年龄的儿童，因此他们在学校自身的条件下会处于和睦状态。但稍有不人道的因素掠过，便会有极度的恐慌。一些大型学校会明智地组织安静逃生演习，有人大声命令"躲开火"。对火这样的非人性力量的恐惧，特别具有对皇后般的恐惧，替换了作为诚信资源的惯常的教师权威。我们大概可以看到，学校是另一种类型的社会，明显不同于家庭，也明显不同于普通人的社会，它有其自身的条件和自身的组织，也有其自身的崇拜与激情。这对于社会学家是一个好的研究目标。

　　1　默东（Meudon），法国中西部城市。

十六、儿童的本质是通过学习而发展

　　心理学家讲起兴趣倾向来滔滔不绝。他说，"实验证明，我们可以进行教育。如果我们没有掌握改变自然现象的艺术，我们不能找出决定测量结果的变量，观察就不会让我们走远。什么是物理学家？什么是化学家？不过是对一些物体提出问题的人，把它们打碎，把它们磨粉，然后置于热温或冷温之下吗？没有这些无数的试验，我们就永远不会得到隐藏的规律吗？同样，心理学要提升其科学尊严，只能让人们接受准备好的测验。医生已经在这方面有很多探索，但遗憾的是他们仅仅看到一些疯人。教育家也需要对学校的儿童进行测试，以便在这些人的童年时传授一些他们还不知道的正面的东西。缺少方法上的调查，他们将丧失时间。为了教育儿童，首先需要认识他们。"说什么反对意见呢？明显的是我们的水母脑袋。

　　戴眼镜的社会学家反驳说，"如果人类知识都像您说的那样可以用我们的手指头形成，人类的问题将会比实际简单得多，我十分高兴。遗憾的是事实并非如此。我们看到所有过去的人的手艺都达到了惊人的完美，同时那些手艺人都处在荒谬的迷信状态之中。我们可以得出结论：改变世界的物体都出自于毫无教养的人之手。我提醒您注意另外一个普遍的验证。第一的科学是天文学，从那里产生了自然规律的第一个思想。天文学的对象恰恰是在我们掌握之外，是我们无法变革的唯一物体。天文学家反对改变物体的不慎态度，而是耐心地观察。现在你们做了如此多的试验，只告诉我们，天文学教育出谨慎的人，即能够长时间观察的人。如果说，对于想受教育并伸手过快的人是危险的，那么对于这个心理学家关于改变他所掌控的人类对象的看法，我们能说什么呢？此外，我还怀疑这些扰乱柔软、脆弱物体的试验。这只是一眼之见，并无提醒，而需要的是对人的观察。您高兴地观察今天的儿童，他们学习语言词汇，用几个月的时间学习早期人类从地面站立，建立其庙宇与神祇以来几个世纪的智慧。"

他停下来擦眼镜，"现在我还有其他事情要说，不是作为社会学家，而是作为教师，因为我了解这一职业。您说需要认识儿童以便教育他们，这毫无道理。我倒是要说，需要教育他们以便认识他们。因为他们真正的本质，是通过学习语言，学习各种著作和科学而发展的本质。也就是说，在学习歌唱中，我会辨认他是否会成为音乐人"。

十七、古老的东西蕴含着新元素，而现代的东西往往无任何新鲜之处

教育就应当是滞后的。恰恰相反，这不是落后。欲冲向前，需要先退后一步，如果不在过去的时间段停留，怎么能过去这段时间？即使对于一个完全强大的人，企图学习最新状态的知识都是愚蠢的事，他既毫无冲动，也无任何合理的希望。他看到的只是无处不在的不足，我敢打赌，他陷入了皮浪主义[1]的僵化之中，也就是说，他什么都明白，

---

1 皮浪主义，或皮浪怀疑主义，见于2世纪末3世纪初时塞克斯都·恩皮里柯（Sextus Empiricus）著作《皮浪主义纲要》（*Outlines of Pyrrhonism*），为公元前1世纪时埃奈西德穆的怀疑论学派，可追溯至古希腊哲学家皮浪（Pyrrho，约前360—约前270年）。

但什么都不能确定。与追逐远古时代的，按照正确动作投掷的人相反，他懂得克服，这一经验使之获得强大的精神。

《圣经》多次宣示，并且根据精神的宣示比根据文字的宣示更多。因为人们不能停留，人们也都知道不适合停留。这一原始的、抽象的思想，显得突兀艰深，却有着未来。既然如此多的人能够战胜古老的规则，每个人都可以被允许去相信它。于是这个良好秩序的承诺便水到渠成。为了成为真诚的基督徒，我们的欠缺是未曾是异教徒或犹太教徒。首先那些非法利赛人[1]如何医治病痛？有多少人是年长的法利赛人？这便是逆向的进程，这便是使我们得以感受的权利。因为权利从未充分，这很容易明白。但同时这一痛苦的思想毫无益处。是法学家使权利变得更好，正是因为他知道权利，所以他相信权利，他珍惜权利。通过充分的权利，而不是不充分的权利，一种思想允许另一种思想存在。面对诉讼，治安法官通过道义本身的力量，想到一些新的事物，因此能够遵循比诉讼人的反驳更有力度、更大范围的法律原则。

儿童需要未来；这不是需要给他们的最次要词汇，而是首要词汇。这是先哲们完美的行为，我们可以追溯到先知的预言。他们给你需要砸开的杏仁。纯文学的意义在于倾听圣贤的教诲，正如德尔斐[2]神庙门楣所宣示，除了自我审问之外便没有更好的方式。在科学领域正好相

---

[1] 法利赛人（Pharisiens），古代犹太教一个派别的成员，以严格遵守成文法律见称，《新约》中称他们是言行不一的伪善者。

[2] 德尔斐（Delphes）是一处重要的"泛希腊圣地"，即所有古希腊城邦共同的圣地，著名的德尔斐神谕就在这里颁布。

反，通过简明教程的完善，人们经常看不到任何障碍。在精致的机械学课程上便毫无障碍，人们问道，"这个东西有何用途？"而不是自我反问，"什么东西可以使我解脱？"我们清楚看到，在笛卡儿[1]那里正好相反，因为他犯错并纠错，跟我们非常接近，但泰勒斯[2]做得更好。苏格拉底具有这样一种艺术，把所有思想带回到最初的童年。对阿基米德[3]的浮力理论和帕斯卡尔[4]的气压计进行推理是一件很好的事情。需要思考两者之间的混淆，这一混淆尚未被充分注意到，但它与我们很靠近。古老的东西蕴含着新元素，而现代的东西往往无任何新鲜之处，因为其真实性与我们的错误不在一个层次上。地球还在转，但已老态龙钟，地球崇拜者看它已无困难。但地球崇拜者是少了些狂热还是多了些狂热呢？我不知道该怎么说。

---

1 勒内·笛卡儿（René Descartes，1596年3月31日—1650年2月11日），法国著名哲学家、数学家、物理学家。

2 泰勒斯（Thalès，约前624—约前546年），古希腊时期的哲学家和科学家。

3 阿基米德（Archimède，前287—前212年），古希腊数学家、物理学家、发明家、工程师、天文学家。

阿基米德为如何鉴定国王的金王冠纯度，苦思冥想。他在洗澡的时候偶然发现，当他坐在浴盆里时水位上升了，不禁高兴地从浴盆跳了出来，光着身体就跑了出去，边跑还边喊着："εύρηκα！（我发现了！）。"后来阿基米德将这个发现进一步总结为浮力理论：物体在浮体中所受的浮力，等于物体所排开的浮体的重量。

4 布莱兹·帕斯卡尔（Blaise Pascal，1623年6月19日—1662年8月19日），法国神学家、哲学家、数学家、物理学家、化学家、音乐家、教育家、气象学家。

十八、真理不能从一种思想注入另一种思想

知识与知识有别。当教育者开始解释天空中的事物，首先描述其表面现象，通过星辰的起落确定东西方位，他经常要像孩子那样讲，"太阳升起与落下，这不是真的，而是地球在转动，这是我爸爸跟我说的"。这一类知识不需要纠正，因为那些早就知道地球在转动的人从未充分注意到这些表面现象。如果跟他说起这只是一个附属的空间球体，他便不再停留在对表面现象的描述，他想到不会是这样，而徒劳地去探索哥白尼[1]的天体论，正如人们看到的一个星球。哥白尼的天体论则是表面现象的真理，但我认为需要2、3年时间对表面现象的连续观察，才能真正地形成关于太阳系的思想。确定之前的怀疑，是一件不可弥补的、共同的坏事。

公众的学习情况很糟，因为他们想象最新的真理便是最适合自己的真理。但真理不能这样从一种思想注入另一种思想。对于那些从表象出发并未获得真理的人，真理便什么都不是。有多少人打开报纸说，"看一看，是否保存能源的原理总是正确"。虚妄的雄心使人不能放弃还没有的东西。首先需要掌握这个原理，进行几千次样本的试验，以便达到与第二原理，即所谓的递减原理相适应，而不损害第一原理。如果没有第一原理，第二原理便毫无意义。两个原理还需要实践数次，以便达到相互质疑的状态。怀疑是一个过渡阶段，为了测试，首先需

1　尼古拉·哥白尼（法语：Nicholas Copernie，拉丁语：Nicolas Copernicus，波兰语：Mikołaj Kopernik，1473年2月19日—1543年5月24日）是文艺复兴时期波兰数学家、天文学家，他提倡日心说模型，提到太阳为宇宙的中心。1543年哥白尼临终前发表了《天体运行论》，被认为是现代天文学的起点。

要树立坚定的信念。怀疑是一个确信的信号。

我们注意到，笛卡尔是位最勇敢的怀疑者。我们还可以说，他不如酗酒者、谵妄者、疯癫者那样敢于怀疑，因为在这些精神贫乏者面前，世界在日趋衰落。表象形式不计其数，犹如一片混沌，其梦想给我们若干思想。然而谁也不想说，这些衰弱的精神处于怀疑的状态。他们在怀疑什么呢？相反，我们看到笛卡尔在他的热情之余怀疑，更加清醒，更加摆脱了一切冲动，更加确信这个无任何人存在的世界。我说，保留全部比例，著名的庞加莱[1]可以怀疑地球的运动，因为他首先长时间地、努力地想到这一点。但这不允许首先有一个娃娃从座椅上站起来说，"不能肯定地球在转动，也许这只是一种说法。"有一个从思想到思想的运动，最终在所有思想之上，每一个思想都相续发展，都在关注着获得真理，但较少好奇地接受真理。如果这样的明智被更好理解，几乎所有人在爱因斯坦[2]的悖论前都会像我这样说，"我不在那里"。

十九、伟大的诗歌可以感动所有人

让孩子或家庭去选择学习这个而不是那个，我觉得这是一件很可

---

[1] 儒勒·昂利·庞加莱（Jules Henri Poincaré，1854年4月29日—1912年7月17日），通常称为昂利·庞加莱，法国最伟大的数学家之一，也是理论科学家和科学哲学家。庞加莱被公认是19世纪中后期和20世纪初的领袖数学家，是继高斯之后对于数学及其应用具有全面知识的最后数学家。

[2] 阿尔伯特·爱因斯坦（Albert Einstein，1879年3月14日—1955年4月18日）是20世纪犹太裔理论物理学家，创立了现代物理学两大支柱之一的相对论，也是质能等价公式（$E=mc^2$）的发现者。他在科学哲学领域颇具影响力。他荣获1921年诺贝尔物理学奖。

笑的事。同样，指责国家强迫他们做这做那也是一件可笑的事。什么也不需要选择，选择已在那里。我相信，所有人都应该更好地知道拿破仑表述的两个词：几何学与拉丁语。通过倾听拉丁语学习伟大著作，我们学习差不多人类全部的诗歌，拓宽我们的视野。所有事情都已说尽。

几何学是认识自然的钥匙。对几何学一窍不通的人，绝不会很好地认识他所生活、所依存的世界。面对对手的强大，他只是根据一时的激情，自我欺骗，错误地测量，错误地计算，有害而不幸。我从未听说，应当教授整个大自然。不，人们应当根据客观事物，根据清楚所见的必要性，调整其思想。不应过分，也不应减少。一个没有任何必要几何学思想的人将会缺少外部世界所必需的思想。整个物理学和整个自然史都不会给他这样的思想。因此，几何学是一小部分科学，却是极好的科学，总是提供最严谨的证明。几何学的美妙在于其中有证明的步骤，在整体中有若干纯粹与圣洁的东西。正如球体与棱柱体，是教我们关于事物的课程。教谁？教所有人。因为一个孩子理解困难，就判定他不会懂几何学，这是十分可笑的。相反，这是一个信号，需要耐心等待他进到那里。泰勒斯根本不知道我们全部的几何学，但他懂得几何学，他非常懂得几何学。因此，对于必然性的最微弱观点，将会是全部生命的光辉。不要计算时间，不要测量才能，只需说："需要几何学。"

诗歌是人类秩序的钥匙，正如我经常所言，也是灵魂的镜子。但不是那些故意为儿童所作的一些无聊的押韵诗歌，相反，最高尚的诗歌，最能引起人们的敬仰。在这方面，人们经常说，儿童几乎一点不懂。

毫无疑问，儿童开始时就是不懂。但诗歌的魅力就在这里，在教我们之前的每次阅读，它依照人类的普遍模式，给我们的只是声音和韵律。但这对于儿童很不错。如何教会儿童说话，或是通过咿呀学语来驯化他的自然本性？因此需要他严格地诵读好的发音。这就是首先规范他的喜好，使他处于学习所有喜好的状态，随即提高其感知力，达到发现所有人类景观的观察点。

那么他粗俗如野人吗？他对这些事情都无动于衷吗？我根本不信这些。伟大的诗歌可以感动所有人。最粗犷的工匠渴望最伟大的诗歌。不需要少做事来对付怪相，怪相本身也是诗歌，却是无助的诗歌。所有的诗歌可以面对所有人，只要人们愿意，所有的人类语言可以被所有人掌握，只要人们有能力。一个人如果不被这种模仿所规训便不为人。

几何学和诗歌就足够了。一个淡化另一个，但两个都需要。荷马[1]和泰勒斯携手引导儿童。儿童怀有成为人的雄心，绝不要欺骗他，更不要让他在无知中选择。否则，基督教理会让我们感到羞愧。因为神学家将其所知告诉我们所有人，而止于造反精神。他们在怀疑中为所有形态的人洗礼。我们去选择吗？或如另类，拒绝人间洗礼，在浑浑噩噩、沉睡不醒中度过？

---

1 荷马（Homère，约前9世纪—前8世纪），相传为古希腊的游吟诗人，生于小亚细亚，失明，创作了史诗《伊利亚特》和《奥德赛》，两者统称《荷马史诗》。目前没有确切证据证明荷马的存在，所以也有人认为他是传说中被构造出来的人物。而关于《荷马史诗》，大多数学者认为这是当时经过几个世纪口头流传的诗作的结晶。

二十、人的天赋往往因最初的召唤而迸发

　　一个看起来有能力,或仅仅是有学习兴趣的乖孩子被从村子里挑选出来。每个人都可以依据其能力来培养他,而他却被一群碎嘴婆吹捧起来。在一个将来可能是个人物的儿童面前夸奖,是人的好行为。同伴们也都一致赞赏。我认识一些60多岁的人,曾经对他们的班级充满自豪感。而当新来一个同学,他们才显得平庸。所有人开始找这个有才华同学的毛病,制造他的谣言。每个人都认识这些谣言收集者,而尊贵的人只是在过分希望时才会出错。简单地说,奖学金并不缺少,缺少的是获得奖学金的人。人们把谋求高位的人集中起来,远远多于实际需要的。当齿耙一过,怀揣完胜希望的人一个不剩。问题便已解决,没有任何障碍。我找现在仍是农民和工人的儿子们求证,其中许多人都处于他们应当所处之位之上。我不想继续对这些被我召唤却未被选中的人进行细致的描述。在他们之中,我都认识,但没有一个社会地位降低的人。几乎所有人都回到他们的省份,他们在那里没有任何声响,但经常都处于略高一些的小职位,并仍被上司所用。这是一个好的起因。

　　还有受到较少教育的人,他们或是不愿学习,或是无能力学习。这里存在真实的问题。我知道过去一个年轻小伙因一、二次对三角题的推理困难而被弃之不录用。如果当局只是为了执政党寻找新手,这个行为是合理的;如果当局真正需要有知识的公民,这个行为就很可笑。如果一个小伙子对数学显得毫无能力,这是提醒我们要不懈地、

巧妙地教他数学。如果他不懂得最简单的东西，他能懂得什么呢？显然，最容易的便是坚持这样的简短评价，也是惯常听到的："这小伙子不聪明。"但不允许这样。一切相反，这是对人认识的根本错误，这极不公正，是把人等同于兽类，而不知运用人所具备的全部思维，不会感受人所具有的全部友情，却把生命活力变得冷酷无情。如果教育的艺术不是以激发人的才智为目的，就只能付之一笑，因为人的天赋往往因最初的召唤而迸发，继而披荆斩棘。然而，那些处处受限、经常出错的人，那些失去勇气、失去希望的人，正是需要帮助的人。

最伟大的判断在那里并不过分。对于我来说，当我判断一些勇敢而有力的思想，我会像苏格拉底那样，让它去清理小奴隶的最初概念。从其言论到其本人，我甚至怀疑天才不是人们所相信的儿童，除了他本人，不用去探索野蛮、奴隶、蠢人、智力发育缓慢者、迷信者、痴呆者、无精打采者。这就是为什么我经常想，不能浪费时间去收揽鸡毛蒜皮的小事，而要千方百计地去战胜最迟钝的思想。最优秀者将通过对确信可知的事物的思考而获胜，大师也是这样，但毕竟罕见。

我当然可以宣告，没有任何人能够思考其职业以外的事情。只有像伊索[1]等人还是奴隶时，就开始思考更多的事。然而，他将不是奴隶。他不仅如同每个人所为，思考神灵与人间的事情，这不足为奇；他还能决定和平与战争，公正与邪恶，高尚与卑鄙等一切；也许是有些发狂，以其身体之重所能决定的等等一切。最自由的作家在每一刻都

---

1 伊索（Ésope）为西方传说中的人物，约生活于公元前 7 世纪至前 6 世纪，相传为《伊索寓言》的作者。传说中的伊索是一个奴隶，后来以博学多闻被释放，成为自由人。

会感受到在他笔端的重量。一个想去经商，想去务农，或仅仅想做点机械活的人，读到笛卡尔、蒙田和帕斯卡尔的著作，或仅仅瞥见最简单定理的崇高，是不是会感到渺小？如果人文宝库掌握在最值得敬重的人手中，这个世界便会沿着正常轨迹前行。相反，如果人们置身于教导无知者，我们看到的将是新的空白。

二十一、人文主义对于所有人都有益

我听人这样说："我们所有的未来都依赖于教育；而教育依赖于图画。因为没有什么比图画能够让我们更好地认识儿童的个性与特点。如果不能首先认识儿童，如何能使教育获得成果？请看，人们向学校里的这些小朋友提出一些唤醒想象力，而不是强迫接受的景象：菜市场、升空的气球、乌鸦与狐狸、杂技、收获的季节，以及其他事物。他们的一些选择已经显示出若干天然能力的特点，但是在实施中，却又那么不同，那么多样！当然，这里有些不灵活，有些笨拙。我甚至从形体的角度来看，有些丑陋。但这却是表现力，却是自发的感受，却是行为的表达！"

信仰是稀罕的、宝贵的。我不想剥夺有信仰的人的信仰。但在这里，我感到努力的方向不对，因此要予以反驳。

我清楚看到，这些随意的图画可以教导老师，但学校也有教育儿童的目的。您说，为了教育，需要了解要教育的人，这个我懂。也许更重要的是了解施教的人。至于儿童的特性，已经以重要特点、左向运动、喜好涂画等全部记载于这些如实的图画之中。我相信，这些图画决定了您的判断，您的全部判断。我甚至看到这些心理观察的不当之处，即寻找一些可猜测、可夸奖、可责备的东西。依此推论，所有东西都会因无知、混淆、胆怯、自我封锁、狂暴、悲伤而变坏，然而所有东西也会因科学、文化、体操、自控、解脱而变好。正如我所确信，人文主义对于所有人都有益，我要尽我所能为所有人发展人文主义。每个人学习他可以学的人文主义，个人尽其所能。因为我有一个奇怪的想法，远在人们通常所讲的之上，即思想可以验证信仰，这对任何人、对整个人类都适用。那些写作的人是为每个人所写，而不仅是为我，为儿童或成人所写，还能根据我的需求而写，并总是在我身边，经常在我之下。心理学家们由于狂躁地想去认识，而不是去变革和提升，因此全都搞错，并互相搞错。认识我的思想，实践我的思想；认识我的感受，便是提升，便是人文主义化。我的真实形象，存在于荷马、维吉尔、蒙田之中。再重申一遍，从儿童到我本人，我应当拿出一面镜子，随即可以看到成长与纯真。

但思想是黑暗的。需要阅读和再阅读伟大著作以便知道最好的建议者和矫正者在哪里。图画通过最便捷的途径把我们带到同一思想。因为，无论是哪种模型，人们只能在调整与缓和心中所有纷乱中描绘出适当的图画，这在手的颤抖中与重量中有明显感受。只有粗俗透过纸背在这些强调的特点中表现出来。在最美妙的描绘中，我所佩服的是他们在纸上留下清晰可见的纹理，轻若空气，毫无重量。线条显示出对模型的关注与忠诚，但与一条公正的线条相比还是一件小事。公正的面孔是描绘者自身的形象。我从中清楚看到节制与纯真。一个可能有着强烈激情的人，当他在描绘时却会让他的手来完全掌控其身体与心脏。不去思想，好的模型便是一切。因此，去模仿真正智慧的朴素与丰富，会使每个人增添一点智慧。毫无疑问，对他来说，更好的是集中精力抄写一部优美著作。而不是总想无助地自我表达，做怪态做鬼脸。行走，而不是引领。奴隶，像其他奴隶那样依旧是奴隶，因为他们一点也不想模仿。

二十二、一个紧张而匆忙的人听不见任何道理

改变人是比认识人更迅速的行为。说到改变，我总是听到一些微小的，但已是足够明显的差异。跪下的人不同于站立的人，张开的手不同于捏紧的拳头，大声喊叫也不同于在喉咙中低语。这就是为什么姿态举止经常比道理更能说服人。道理本身很少能改变人，改变就足矣。只是人们几乎从未相信在道理面前还有障碍。一个紧张而匆忙的人听不见任何道理，需要通过体操和音乐使身体放松，这时才能很好思考，正如好的小提琴手演奏时从不用手指紧捏住琴弓。当然，在僵直的手臂与柔软的手臂之间没有太大的差别。棕色的或金色的，强健或纤细的身体，都会使小提琴发出声音，但无论是什么声音，首先需要听到的是柔和的声音。不要去打算做任何通过体操来改变其本性的事，而是要能够使自己解脱。

这些艰难的、凭耐力的艺术，使人看到同样方法对于所有人都可行，尽管每个人都不同。我甚至说，共同的方法根本不具有使每个人

都相似的目的，而相反使他们更加不一样。因为在两个会拉小提琴的人之间，新的不同开始滋长，这是每个人的自身特点。同样，每个人都有自己的剑术，但需要他们首先学习共同的剑术。这些例证有助于使人懂得共同的文化如何使差异之花盛开。这就是说，为什么几何学对所有人都好，甚至几何学的准备，用灵巧的手划出直线或圆周，也对所有人都好。当然，这比徒劳地去猜想每个人中哪些是抵触几何学的混乱思想更好，犹如企图把脚踩在影子上来固定影子。为了这些学习，对于所有人来说，只要一个适当的身姿、一种轻松的心态、一种对事物的亲近。正是这样，一个长久而困难的起步打开了通向理性的思想，人们可以根据数字和其他符号的书写来判断学生的进步。

我相信，那些鄙视外部方法的人，都怀有战胜本性的期望，这几乎如同把卷曲的头发变得直顺那样合情合理。其实他们根本不能获胜。每个人都保留其头发的曲直和身体的形状，每个人对于共同的思想总是铭刻上自己本性的印记。书写的差异应当被理解，因为这些差异由文化而扩大。人们也说到面孔的差异，在礼仪中显示出独特的表达。于是我相信，本性就其主体来说是永恒不变的，但人的组织和情绪的实质却在善与恶之下。一个人的德行同其恶行相比，会高于邻居的德行。斯宾诺莎[1]比常人更懂得永恒，他说人绝不需要有马匹的完美。我们说，人不必披上邻居德行的外衣。没有体操和音乐，恶行仅仅在自我绞杀之中。所有解脱者皆好。

1　斯宾诺莎（Baruch de Spinoza，1632 年 11 月 24 日—1677 年 2 月 21 日），犹太裔荷兰籍哲学家，西方近代哲学史重要的理性主义者。

二十三、斑斓的色彩并非光明

需要抓住人的特点，在此之下，更真实的是儿童的特点。儿童的特点尚未完全形成，但经常被认为已经形成。人总是相信自己的个性已经形成，像携带一件好或坏的作品那样，到处炫耀其特性。我们从其侧面看，会发现他的情绪不稳；他流泪，谎称是因为阳光刺眼。如果您想认识一个人，首先需要请他坐下，拉下窗帘，挡住热的或冷的气流，以及讨厌的噪音，然后以您自己的口吻开始谈话。最后，应当避免整体环节中任何小的误差。之后，您会看到这个人稳定的特性，就是说一个聚合的、均衡的真正整体。鼻子与下巴的形状，皮肤、头发和眼睛的颜色，他具有的这一切，都是其不变的营养习惯的标记。据此，他成长，他患病或健康，他衰老。无论悲伤与愉快，他总是这样的颜色，总是这样全盘模样，总是这样的行动轨迹，不可模仿，他便是他。这些差异不可克服，需要喜欢这些差异。这种坚定，这种对自己的忠诚立即赋予了希望。只要他能坚持，我就支持他。说服的艺术也许与这种不因情绪而中止的对本性的调查相关。好，我支持。但我要做什么呢？当然不是他不想要的，而相反是他想要的。想要的本性便是慈善本身。不是邻居的德行，他无法去做，而是他对于自己的德行，如同他头发的颜色与曲直。他自己的德行，类似于他与兄弟，也类似于自己的恶行。想要模仿斯宾诺莎，他是不可模仿的，因为我要说，一匹矫健的马更类似一匹疲惫的马，而不那么类似一个矫健的人。同样，一个人的勇敢与其自身的胆怯非常类似，而与邻居的勇敢却不那么类似。一个漂亮的苹果类似于一个腐烂的苹果，而不像漂亮的橙子。不能说吝啬鬼根本不知道付出，我们无话可说。但一个做出付出的姿态非常类似于做出保留的姿态那样，而这总是同一只手。如果不能真正诚实地计算，便一无所有，因为邻居也会同样地计算。相反，一个自以为是的小偷总觉得别人都像自己那样粗心，他也偷自己的东西。也许，粗心这样的恶习与某种慷慨也相距不远，只是他付出像盗取那样，也用同一只手。

　　从鲁莽到勇敢，从严峻到坚定、果断、毫不动摇，我看不到有大的距离。不是从固执到忠诚，也不是从迟钝的思想到强劲的思想，而是具有诡辩家的细微与机敏。恶行只是德行的中间路程。斯宾诺莎写道："每个人德行的唯一基础便是其生存中坚持不懈的努力。"这一坚定的格言远不是最好的工具，但可使人胆怯。人们更喜欢这个软绵绵的劝说有所变化，并具有陌生的特点。徒劳的建议，人几乎还是他自己。人们希望的唯一变化，便是他仍是自己，而不是向外部事物退让。从这些释放的差异中产生出为了所有人的最大福利。如何实现？如果你不能像主教解脱冉阿让[1]那样勇于解脱，你便一无所知。

　　需要再次阅读《悲惨世界》的精美篇章，这是避免可笑地误解雨果的机会。不仅如此，所有公正的思想都在这个让每个人都具备的坚定的信仰之中。这种强烈的爱犹如人间的太阳，给人们带来果实。另外的爱，想给人以选择，想使人愉悦，则是月亮，是光的反照。斑斓的色彩并非光明，更糟的是不会使果实成熟。当我们对自己的优点一无所知时，便想宣称邻居的优点；在人们把自由运用自如时，便会许

---

[1] 冉阿让（Jean Valjean），法国作家维克多·雨果于1862年创作的小说《悲惨世界》中的角色，也是故事中的核心人物。

诺自由。但相反，如同一个好习俗将广为人知，我们同样会把救赎的本性作为典范。正如《第九交响曲》[1]，在其存在之前，人们并没有产生对它的看法。

二十四、记忆并非工作的必要条件，而主要的是工作的结果

在很长时间里，我厌倦听人说某个人聪明，另一个人不聪明。

我很惊讶，这样轻率地评价人，真是愚蠢之极。一个被人们判定为平庸的人，如果他循序渐进地学习，永不放弃，真的掌握不了几何学吗？从几何学到更高深的研究，其过程与对几何学的飘忽不定的印象相当，困难是同样的。对于无耐心的人便是不可战胜的，对于坚持不懈的人便无所谓，可以把这两件事当成一回事。在科学中创新和被人称为天才，我应当说，你们看到的只是长时间工作的结果。如果一个人毫无建树，我想知道的仅仅是他不想那样做。

同样的这个人在几何学的冷峻面孔之前退却，20年后我再遇到他时，他已选择了一个职业并在继续工作。我看到他在自己所从事的工作中相当聪明。另外一些人想在找到一份值得炫耀的工作之前临时干点事，尽管他们有理由去掌握其他工作，但这时却在说蠢话。我看所

---

[1] 《第九交响曲》是贝多芬于1818年至1824年创作的四乐章交响曲，也是他完成的最后一部交响曲。该作品是古典音乐中最为人所熟知的作品之一，亦属于贝多芬最杰出的作品。

有这些人在把握好的方向上太过愚蠢，因为他们在宣示之前什么也不看。我从这里产生一种想法，每个人都如其所愿，既是正确的，又是明智的。语言已经教会我足够东西，因为只有傻子才会说不足。平民的本能似乎用手指告诉我，是谁造成了会判断的人与傻瓜的区别。意志，我更想说是劳动，才正是他们所欠缺的。

当我揣测人的时候，我习惯看人的额头，而不是下巴。不是组合与计算的部分，因为这个部分已足够了，而是咬住不放的部分。这个部分可以用另外的词说出，一个好人是坚定的人。共同的语言还这样说，脆弱的人选择的是根据习惯与榜样判断的人。笛卡尔巨大的身影在我们前面很远，他从著名的《谈方法》开始其谈话，经常被引用的是："好的意义是世界上更好分享的事物。"但在其《沉思集》中，他更直接地阐明这一思想，判断乃意志的事情，源自于慷慨，通常被称作智慧，而决非理解力。

人们从未确定智力等级。如果把问题简化成2乘2等于4，那么最愚钝的人也会毫不费力地解决，不会被想象的困难所束缚。我想说，什么都不困难，只有人受困于自己。我还想说，傻瓜像一头驴，竖着耳朵，拒绝前行。由于情绪，由于气愤，由于胆怯，由于失望，这些因素搅和在一起，使人成为傻瓜。这个敏感的、傲慢的、有野心的，易发怒的动物，宁愿当十年畜生，也不愿悄悄地、乖乖地干五分钟活。正如讨厌钢琴的人，只因为连续三次出错，便完全放弃了。然而，有人愿意练习音阶，但理性地说，他不愿工作。也许，一个人由于感受而在自己手中出错。虽无大辱，但他也不愿自己欺骗自己，这便是他自身的、内心的善。确实有一种反叛，狭隘的头脑中充满暴戾，情愿到地狱中受罚。

有时人们说，记忆使人出现差异，记忆是一种天分。事实上，人们可以发现，所有人在其所从事的工作中都显示出足够的记忆。那些惊叹钢琴或小提琴艺术家记忆力的人，只是看到简单的表面，而忽视了是他们艰辛的工作才使之成就为艺术家。我相信，记忆并非工作的必要条件，而主要的是工作的结果。我敬佩数学家的记忆，我也想有这样的记忆，但我从未做过他那么多的训练。为什么？这就是我随后想要理解的，我的混乱、停滞的思想埋没在一些可笑的错误之中，使我无法自我安慰。每个人的不良所为很快都会被谴责。自命不凡便是最早的惩罚行为，由此而生的不可抑制的胆怯在障碍出现之前便降临，还故意在障碍上壅土，并拒绝帮助。应当懂得先摔倒，而后笑。为此，有人说拒绝科学的人相当肤浅。是的，不仅肤浅而且还有可怕的严肃，正如誓言不能提供任何东西。

我还是回来说，学生的作业对其个性特点只是验证，但丝毫不能验证其智力。无论是拼写、译文或计算，关系到的是克服情绪，关系到把握意志。

二十五、当教师闭嘴，当儿童阅读，一切皆好

奥古斯特·孔德[1]首先接受的是理科教育，也就是说他适时地知道

1　奥古斯特·孔德（Auguste Comte，1798年1月19日—1857年9月5日），法国著名的哲学家、社会学家，实证主义的创始人。

自然事物之间如何关联，整体上在数量与运动方面，或是在质量方面的丰富多样。他用坚定的头脑，装备了这些知识，这也许是人们见到的最成功的头脑，但他也有过笨拙的经历。他是一个普通家庭的孩子，对外部世界有着强烈的向往，这是我们激情的主要来源。在他真实的野性状态下，在勇敢之心的冲动之后，需要欺骗感受与想象吗？这便是极大的冒险。但这个坚定的头脑至少知道思考自己的不幸，在成年时发现自己青年时曾经的匮乏。他因此去接近诗人和艺术家，并在近40岁时集人类之大成，在开始之处完成大业，这才是最广大意义上的高雅，对于教育而言尤其如此。

我们诞生于人类组织，虽然这一组织一点一点松弛，但总是强劲联结，不可能中断，我们便在其中成长。我们没有选择。儿童的不幸在于疯狂的幻想和相信长大的小烦恼。最大的压力是置身于空旷之中，让周边的人们远离视线。这只能学习一些符号，尽管奶妈有所注意，但也不能带我们走远。需要读懂奶妈面孔以外的其他事物并与她们的幼稚进行对话。需要阅读，这样才可以极大地扩展。掌握字母是一件小事，而掌握语法则无止境，在其上，可以扩展到共同的应用，在其下，是作为规则与范例的，我们感受与思维的美好的、有力的表达。需要阅读，再阅读。人类的秩序体现在规则之中，遵守规则是一种礼仪，拼写也是如此。没有比纪律更好的东西。动物的野性与生俱来，处于文明之外，而人性对于动物来说不可思议，只有通过阅读的愉悦才可达到。界限在哪里？是现代和古典语言为我们提供了上千种方式。是否需要阅读人们所说的所有人文著作？

关于界限，我根本看不到。我丝毫不考虑在自然中缓慢成长，并只想从事简单工作的人，我也丝毫不考虑只对伟大著作中提及的人性有最初需求的人。需要以儿童的滑稽模仿，尝试随意地做出各种语气和姿态。自儿童早期，就尽量做其所能。依据优雅与敏捷，决定选择其一作为修养，而排斥其他，这是不公正与不谨慎。美文对于所有人都有益处，也许更野蛮、更迟钝、更冷漠、更粗暴的人更为需要。如何教育儿童？把物理学和化学放在娃娃们的学习内容中吗？多么美好的物理学和化学啊！孔德在此以最强烈的语句向我们郑重地提醒与告诫，真实的物理学在没有数学、机械学，甚至天文学的准备时完全不可能进入儿童的认识范围，儿童在12岁之前不应试图学习这个学科。他们可以由诗人、演说者、讲述者来培育。如果想同时进行这些教育，时间并不缺少。小学便提供了一个人讲课的可笑场景。我憎恨这些小索邦大学[1]。我只是通过敞开的窗口，用耳朵来评价。当教师闭嘴，当儿童阅读，一切皆好。

二十六、未能在深度思考中获得愉悦与享受的思维，不过是无光明的思维

人们可以通过实物学习，人们也可以通过思想学习。第一条路是技术之路，是成功决定真实与谬误。我在学习打铁的同时，琢磨着铁与锤，没有人询问我的思想，但这是认识工人的方法。所有成熟年龄

---

1 索邦大学即创建于13世纪初的巴黎大学的别称。

的知识都是这样，人们实施思想的储备，甚至律师或诉讼代理的职业也是如此，需要说理并试图说服。在那里有一个惯例，有一个评判的惯例，更好的是真实的惯例。人们还可以看到空虚的头脑也是能力。

小学被安置在那里，以寻求正确书写、词语协调和计算的惯例。人们发现最好的小学生很会计算，嘲笑高中生懂得加法的理论却算不好。然而，计算的惯例是通过实物学习，是由实物所决定。人们看到惯例中数的清楚排列，正如所有会计所言。其他小学生把心思放在游戏上，错误百出，因为相对于思想，什么都没有比游戏那样游移不定，不可捉摸和迷惑人心。原始文明使职业的非凡优点显示出反差，并附加上建立在理性之上的令人惊异的观点。惊异，需要注意地观察，不止一次，科学的进步脱胎于宗教的荒谬，而不是职业。

何谓通过思想学习呢？这就是形成社会。依据欧几里得的精准而形成的几何学，总是通过清晰的定义，适应于想象中的对话者。此外，他通过推理回答所有可能的异议，征服他者。由此产生被称为普世性的知识，就是所有人共同的知识。所说的物体，便是想要的东西。几何学的关注并不在于对圆形的回答，而是回答与其对话的另外的人。这一思维方式便是证明，对于一个没文化的人，没有什么更为惊异的是，这些正确论证在实践之后毫无可疑之处。这种需要时间的思维只能开始于中等教育。在高等教育中，人们会看到技术人员满足于这种思维的成功和这种思维的教学。例如，人们在提出若干与所有人相关的简单假设的条件下，论证万有引力定律。但是技术人员，我甚至说高水平的数学家，在惯例几乎成为严格规范时，都会喜欢说这样的论证浪费时间，只要知道理论适用于所有事物就足够，就会成功。这种思维是一种初级思维。所有职业都导致这样的情况,天文学也是同样。之所以普遍,是因为这给人以启迪,是因为听到成功,等同于普世般的真实。但是,未能在深度思考中获得愉悦与享受的思维,不过是无光明的思维,不过是一种人的思想活动和无源泉的思维。这就是为什么说,这一理性的停靠点刚好处于职业的共性与特殊职业之间,它对于所有人都有益。我甚至对迟钝的人说,这一理性更加必要。教育的改革者,要看到这些。

二十七、有兴趣的事物从无教益

当然,所有人都对自然现象感兴趣,而与机械相关的人更是对自然现象投入极大的关注。儿童也是这样。我理解人们总是像对待手中物件那样看护儿童,看着他们拆拆卸卸,去尝试探索,看着他们像懂得钟表机械那样最终明白。我只是肯定地说,如果人们想要通过这种方法唤醒儿童的思维,便是错了。有兴趣的事物从无教益。人天然是有才能者、观察者、创造者。你不能从猎人那里学到任何东西,他不比你知道更多。并非昨天才有人邀请我们去赞美追随动物踪迹的野人。这是知识?那里有其他东西要知道的吗?这才是问题。

我不止一次地写到这些事,以回答关于教育学的调查。出于必要的原因,我缩减了文字。我有所触犯,有所妨碍,有所不快。这是一方面。但教育学家有一副厚脸皮,他坚守着他的实物课程和经验。然而,人类的历史足以证明,人们可以成为神奇的弓箭手,而根本不必有良好的方向。这些事情的秘密体现在柏拉图和笛卡尔身上。柏拉图在其学校门楣上写道:"非几何学家不得入内。"笛卡尔首先设定,至少要懂得一个定理。教育学家应当懂得他所说的是什么。

在所有自然现象中,在所有机器中,都有一个令人讨厌的困难点。例如对于钟表,需要了解的是钟摆的规律性运动,人们不能不知道坠体的规律,而如果不是几何学家就不会理解坠体规律。在潮汐那里,需要根据太阳和月亮的相对位置,了解万有引力的作用,例如需要知道为什么复活节的潮汐比其他时间的潮汐更强,并与月食相关联。很好,想象差不多地为我们呈现出两个星体处于同一线方向,如同两个人牵拉同一根绳索。是的,但如果问到当两个星体相交,为什么在日食中有相同效果,而在月食中则相反,将会出现障碍。如果继续追问为什么在地球的相反两侧会同时出现大潮汐,这里便是无知之点,人们便在此轻飘飘地溜过。实物课程,意味着人们知道有潮汐和日月食。为了理解,长时间迂回是必要的,需要搁置一下,推迟一下。这样就能比渔夫知道得更多吗?就比他更不了解潮水的迟到,海浪和旋流的影响吗?关闭学校,让儿童在成熟实践者的关照下去狩猎或打鱼。

或者让学校幸运地与世界隔绝,做一个艰难的迂回。我们走向由算术提供的最简单范例的真实困难。我承认,这有些令人厌倦,正如我对你们所说,也有些抽象。只有当儿童看到光,才会对光明感兴趣,但是我们不能把光线直接投射到儿童眼中,因为儿童通过自己思维的注意,通过自己能够坚持的意志,通过自己设想的来严格对待光明。严格的定理本身并无兴趣,定理本身不是兴趣,需要支持和运用这些定理。知识之光,当其升起比晨曦还美丽,这是思想的晨曦。此时此刻,儿童第二次诞生，他知道了思维，捕捉到了笛卡尔所说的奇妙工具。真正的意义同时还是思维唤醒了人们的另一方面，这便是惊奇的平等。苏格拉底在一个聚会圈子里找人，把身穿斗篷的小奴隶当成学习几何学的新手。杰出的阿尔西比亚德斯[1]一言不发，但也许是整天咀嚼其思想而不讲话。教育学家可能很强大，可能自我承诺只向未来的教师传授平等的秘密。

二十八、记忆从创伤开始

记忆从创伤开始。这并非因为身体组织损伤，由尖刺或刀刃造成的痕迹保留下来，而是碳、氧、氢的消亡，所有事件无法由记忆恢复。只是身体组织的自我修复，像在床单上或在布面上，可以再次被看到。这样，不仅我的所见可以回来证明，而且创伤部分也不能完全回复到原来的状态，也不能像以前那样诉说。痕迹便铭刻在知识之中，乃至在劳动之中。

一切有生命的部分似乎真是在这方面或多或少都是可塑的。铁匠的肌肉在每次用力时都会受到损伤，而其受力部分同时以补偿方式制造出更结实的肌肉组织，外部可见的效果是在皮下坚硬的、滚动的肌肉，即使是铁匠最小的动作也会有这样的转变。他的劳动记忆因此铭刻在之后的劳动之中，每一锤改变着之前一锤的效果，完

---

[1] 阿尔西比亚德斯（Alcibiade，前450—前403年），古希腊雅典杰出的政治家、演说家和将军。

全不同于锤子本身和铁砧的变形，完全不同于锤柄在使用时被磨光滑的情况。

对于这些事物，需要仔细观察，记忆因重建而固化。因此需要时间与资源，需要了解营养供给的规律性的方式。表面上看，事情同样在最敏感的部位发生，这些部位可以因声音的微弱震动、颜色和气味而变化。

这些发现有助于理解蒙田在其《随笔集》里描述的事故。他说道，他从马上重重地仰面摔下，失去了知觉，尽管他那时并没有失去认识能力，却再不能恢复对休克前情景的记忆。有人向我描述过同样事件：他拼命挤进一部有轨电车，感觉被什么东西重击一下，但怎么也找不回休克以前的记忆。为了缓和想象，应当在此指出，休克之前瞬间的恐惧根本来不及形成，成为某种东西。对这种失忆的解释，我已经讲过一些，而记忆需要时间来形成。突然而至的大错乱，使记忆未能成熟并且变形，在肌体巨变的痕迹中消失。具体情节也消失。但总是可以通过成长与营养，我们重新找到一些痕迹，犹如牵牛花在一个夜里缠绕在一根木杆上，快速生长。同样，儿童根据语法而成形，而掌握所有事物，这是老人们不会做的。

二十九、在学校犯错，不会损害任何人

学与教相互对立。这种对立源自于不愿创新的猛烈劳动。创新会出错，会把器材搞坏，还缺少工具。学徒工要经历这样严厉的规矩，他特别要学习的是，绝不要试图做超出他已经知道的事，而总是要在此以下。学徒工都有一种胆怯，在工人中则变为谨慎，这些都标志在脸上。"我不知道，这不是我的行当"，出师的学徒工会这样拒绝地说。比较谦逊的研究人员会说，"试一下看"。然而可以猜想，自由的研究人员很少做昂贵的试验。而发明者经常因花费巨大而破产，著名的帕里西[1]便是标志性人物。人们知道，他的创新思想不会在工厂被接受，因为它不仅威胁到版画业和剪刀业，还浪费时间。因此，学徒工特别应学习的是不去思想。

这里体现的是技术，是无言的思想，是手与工具的思想。人们可能要说，这是惧怕思想的思想。在工人的态度中，采取这种谨慎是好的，但也把自己封闭在受束缚的可怕承诺之中。我设想，谜一般的古埃及人是擅长技术的人。他们不为人知的思想几乎是不可理解的。然而，一些明显可见的原因把我们带到临界点，但不再走得更远。你们看到工具支配着手，你们已经有一个真正传统的主意，我甚至说是实在的主意。到处都有工具，制定了物体成形的规矩，也形成了驯服的，甚至是恐惧的思想，因为工具改变笨拙。老板更值得怀疑，因为他代表着不可更改的必然。老板根本不会乐于接受将宝贵材料转变为废屑的创造性试验。儿童的思想，犯错的儿童，损坏东西的儿童，浪费时间的儿童，在此是一种敌人。这就是为什么一个孩子通过不良经验获得了他的生活。他过早地学习谨慎，他学会了不再勇敢。想象有一个小办事员，在已付邮资的公文纸上犯了一个计算错误。这是一个新手

---

[1] 博尔纳·帕里西（Bernard Palissy，1510—1589年），法国陶瓷专家、作家、学者。

的错误，而不是小学生的错误。此外，办事员主管的气愤根本不同于学校教师的气愤。学校教师让人去探索，去寻找他称为智慧的东西。他不会去考虑损失的公文纸，而是情愿将小傻瓜置于自己可笑的傻事之中，这种重复的意识得以强化。而技术人员不是这样，他甚至责备研究工作，嘲笑自傲自大的人。以这种训诫，思想在工具面前被抛弃。可以发现这一态度已经写在埃及人的面孔上。我在其雕刻的头罩上看到若干相似之处，表现出形态的不足。他们的话语似乎掠过这些犹如盔甲的头罩的外表。

保持自信有两种方法。一是在学校感到自豪；另一是在车间，绝不要自傲。这种情况在加法中可以看到，如果在此的理解有误，可以通过纠错重新开始，而不是技术性的计算方式，既快又盲目。会计员只认识数字。相反，人们发现一个高深的数学家在简单的运算中犯了可笑的错误。泰勒斯停下来思考，但总要面对举起的鞭子。这就是学习的伦理，好就好在时间和地点上。从未做学徒的人是大孩子。但过早做学徒的儿童，很少时间做学生，这就是他全部的机械生活。泰勒斯瞧不起没本事的人。

思维中有游戏。但如果有人要求学校只能做游戏，便更加错了。学校被游戏和学习的两个方向所牵拉，处于两者之间。它以严肃的态度开展工作，但另一方面又脱离工作的严峻规则。人们在这里犯错，人们又在这里重新开始，错误的加法不损害任何人。如果一个傻子笑自己犯的一个大错，也不算什么大事，他的笑是自我评价。你们会发现，我们从来只对已知的错误进行争论，而且只在学校争论，因为除了我们没有别人会纠正我们的错误。我们被允许随意行走、蹚水、寻找。"不幸的家伙，你在那做什么？"这是车间里的话语。"给我看一下你做的东西"，这是学校的话语。当学生高兴地发现自己的错误，并无羞愧的担心，就是说没有别人的观点加入其中。这种另外的谨慎，便是思维。

三十、理性的人，在犯错误时并非不理性

思想与事物的性质完全不同。在思想之中，我们可以安静倾听而无冲动，任何冲动的人不会出现。在新的经历中，最有学问的人也不可能解释一切。为什么？人构建其思想犹如锻造武器，思想的历程非常类似于工具的历史。如同十字镐作为挖土的工具，几何学中的直线和三角便是确定形状的工具。人们从很小的时候就知道，没有任何真实的形状可以用我们的方法绝对精准地描绘，只是可以做得比较接近，正如土地测量员不能准确测定每一块土地的边缘一样。同样，最早的工具使人制造出另外的工具，最早的思想使人产生另外的思想，而这一次不是靠煅炉和铁砧，而是靠画出的图形和正确的话语。所有曲线都是直线的女儿，任何曲线都不等于任何物体。被称为悬链线的曲线按照其思想构建已经相当困难，但两端悬起的悬链线与几何学的悬链线相比则是更多组合的事物。

古人设想星辰描画圆圈，这并无大错。我说，他们在真实之中，因为他们开始于最简单的事物。而我们，从工具到工具，从讲话到讲话，我们仅仅说星辰描画着食缺，但这并不真实。我们要在真实之中，

或者要处于思想进步的正确运动中,但我们不等于物体。人们说星球的相互作用,有些偏离了几何学描画的路径。还好没有哪个星体封闭其轨道曲线,因为太阳吸引着全部行星朝向武仙座,而武仙座又朝向被称作织女星的闪耀美丽光线的蓝星。

  从已知到未知,是我们的运气,同样可以说,由简单和抽象到具体与个别,我们不能穷尽。鸭子扑水只是世界的瞬间,达尔文不能捕捉到全部,但达尔文以其思想获得的东西要超过你我。依据理论的次序,达尔文的思想是之前思想的女儿。他甚至试图缩减生物分类,也许还要彻底打破分类,但他首先得思考这些分类,正如古代天文学家要凭水晶球来思考。谁不遵循这条路,就毫无所知。真实的虚无状态,就是绝对民主。我就像土地测量员那样寻找何为政府的抽象形式,但有什么不同呢?然而,急躁的人抛弃所有思想,赤裸裸地投入事物的自然状态之中,从那里回来时就像海神格劳科斯[1]那样挂满了泥浆和贝壳。我们则将充实着科学,每一分钟都会给每个人带来惊奇的经验,一种汇集人的世界、地球和天空的经验。当阿基米德在街上狂奔并呼喊"我找到了"时,他只有关于身体漂浮的不完善的思想,但这个思想是几何学与机械学的女儿,是可以通过抽象的区分与明晰而获得的未来财富。而我们反复不定的先知们更像斯多葛主义者[2]所描绘的疯子,在光天化日下喊叫,"天亮了",不逊于真正的疯子。正如朴素的哲学家所言,理性的人,在犯错误时并非不理性,因为他保有不完善思

---

  1 格劳科斯(Glaucus)是古希腊神话中一位鱼尾人身的海神。(原文为"Glaucus")
  2 斯多葛主义,又称斯多葛学派,是古希腊的四大哲学学派之一,也是古希腊流行时间最长的哲学学派之一,主张禁欲。

想的次序与联结，他在正确地思想。我阅读笛卡尔的卓越的物理学著作，比在晨报上浏览翻寻更有意义。

三十一、所有真实的知识都是经验

人们说所有知识来源于经验，是因为每个人都接受我们时代的信条。我毫不反对。然而我想将这一类核心原理的轴心做一点改变，以便转向于人并服务于人。我喜欢说，所有真实的知识，无论什么性质，都是经验。我曾经听到，对于真实事物的感知，要么是眼前的展示要么是通过其他感官感知。因此，代数学家的思想，便是其方程式运算的经验，视野随之拓展，其触觉通过写作转变为数学的项。我引用此例证，是因为它使人惊奇，你们要试图理解，最精力充沛的思想者如果不能将实施观察的不变的物体变成概念，他们在这里也会变得停滞不前或迷失方向。这一通过我们行为思考的看法远离经验，它将物体视为圆、抛物线、对数，而我们对这些数学概念的服从，还逊于服从去火星巡游的规则。因此，抽象进入我们的经验。

现在谈另一看法。儿童不选择物体对象。人们可以想到，儿童会根据简单、确定的物体构建其最初的知识，这些物体像外部自然界的诸多事物那样不会骗人。但事实并非如此。儿童的最初经验是一种共生的经验，或是密切结合的组织中的共同生活，有着共同的需求、愿望、情感、爱好、思想。世界从那里而来，但并不是直接接触世界，而是父亲、兄弟、小狗以及其他变幻的物体首先构成其小天地。在那里,他懂得了爱怜与威胁,在这两种神奇的态度上他首先寄予了希望,划定了最初的概念,也成为迷信般的甚至是宗教性的概念,而不论人们是否乐意。儿童并非是在人们制造的自然中的物体,仅仅通过简单的手势便会动作和工作,母亲要报以微笑,奶妈要让步于不停的喊叫。儿童因此在所有其他人之前获得了控制的经验,他在怀疑严格的劳动规则之前便知道任性的强力,他首先像国王那样思想。人们看到外部经验占据了位置,并且还将稳固挺立。心爱的错误从每一个痛苦的事实中挖掘出位置。

更为惊奇的是,最初的工作必须由手势做出。儿童首先学习语言,正如亚里士多德已经观察到的,儿童自然地将他最初学会的词语的意思尽可能遥远地扩展。爸爸这个词,意味着他的父亲和他看到的所有人;面孔这个词,意味着他父亲的面孔和其他所有人的面孔;拐杖这个词,意味着他父亲的拐杖和其他所有人的拐杖。"Lolo"在诺曼底的意思是"奶","Lélé"在布列塔尼的意思是"水"。一个孩子拿给我一片梧桐树叶,他在露台上的树荫下舞蹈,对着一线阳光说"太阳,太阳"。这些简单的发现包含着难懂的思想,或隐藏着什么东西,这就是错误首先在这里出现。首先认识的是一致性,然后才认识到差异。语言随即引领小孩去取消抽象,他应当在经验和外部秩序的压力下走出抽象,再后来则是依靠教师走出抽象。所有我们的概念,也不排除其他概念,应当具有人类秩序和初步抽象的双重特征,儿童会从这里继续其认识。因此,我们最初的思想越过隐喻的状态,同时所有思想从抽象发展到具体。这便颠倒了洛克的锅,而您的锅,尊敬的心理学家,您的锅,尊敬的教育学家,也要被颠倒。

三十二、需要学习乐观地对待错误

骑马、舞蹈、玩牌，这些均带给人愉快，但我们需要知道应当学习。当保证享有这种愉快时，别人也能体会到这种愉快。完全准备好的愉快是个例外，或几乎没有。烦恼主要来自于人们专注于被赞美的快乐，而不愿把自己的快乐介入其中。所有游戏都可能有教育意义，但需要参与其中。从一种意义上说，需要服从游戏，首先需要相信其中的愉快。如果相反，在希望中烦恼，正如司汤达[1]所言，要看这个好计划的结局。

这里的核心错误也许是人们要求事先知道，而不去尝试，人们要获得的是按规则玩桥牌或投球的那种愉快。然而，什么没有理解，就没有任何愉快。赢的理由看来极其简单，补偿了对输的担忧。当人们的行为和外部条件相一致时，也许总是使人愉快的。生命的职能是适应各种情况，在新的问题面前获胜。对于新问题，人们要有足够认识，并以自信去面对，相信能够战胜。对于事物也是这样，人们觉得胆怯与将要做的蠢事的感觉相反，在胆怯面前，人们可以挺住。在马背上能够挺得住的人感觉可以镇住这个牲畜，但却落下马。需要看到，人的所谓伟大是值得怀疑的，伟大者可以自甘堕落，甚至预见其不幸时

---

[1] 司汤达（Stendhal，1783—1842年），19世纪法国批判现实主义作家，代表著作为《红与黑》（1830年）。

自我安慰。

我顺着这个迂回，去寻找人们关于思想构成向我提问的正确解答。一些人根本不喜欢数学，恨不得咬它一口。另一些人则发誓一点也不欣赏音乐。他们是否缺少能力，或者他们有过失足的不幸，正像一些绕开障碍物的胆小的马匹。无论如何，我更相信这是不该有的想象，其实人们在儿童面前都可以认识到自己的能力，人们在马匹的大块肌肉中也会看到它的野性。会更骄傲吗？需要更加注意儿童和成人的决定。如果他总是做出将要失败的决定，他永远都会失败。而当他战胜最美好的愉快，他也能孤注一掷地战胜不幸。他会遇到问题，也可能碰到痛苦，当事先告诉他过不去这个坎，他便会在那个地方失足。每个人都会有这种感觉，人们会说一些蠢话，会痛苦地放弃一些利益。我甚至说是自豪地放弃，因为人总是躲避，躲避忧虑。相反，人应当勇敢地面对一些事物。

在这样的关系中，儿童比成人更具人性。他急于自我判定，他趋向自己的不幸。他随即说，"我总是不明白。"经常如人们相信的，这是不可逆转的。教育的全部艺术在于，绝不要把儿童推向顽固之点。什么意思？考虑一下他能够越过的障碍，首先不要点明他的全部错误。也许应当称赞他的优点，忽略其他，什么也不说。杂技与体操表演者懂得摔倒，这也是另外一种训练，也显示其优秀，因此他们上百次地尝试，同样地快乐，同样地灵活。需要学习乐观地对待错误。一些人不喜欢思考，是因为害怕犯错。思想，是从错误到错误。什么都不是完全真实。同样，任何人唱歌都不会完全准确。那些把数学作为可怕验证的人，丝毫不迁就错误。泰勒斯、毕达哥拉斯[1]、阿基米德从不讲其错误，我们也无从知晓他们错误的论证，真是遗憾。

三十三、教师应学会教学，不要企图教授所知道的全部东西

有人自从开始接受师范教育，就没有受到好的教育。那些全面回顾路易十四[2]那个世纪，想要恰当地、按次序地说上一、二个小时的人，根本不会教历史。我宁肯说他忘记了历史。但如果他读了莫特维尔[3]、圣西门[4]或沃邦[5]的著作，才可能会教历史。同样，一个从流体静力学提取一些东西为儿童上课的人，用玻璃管的水泵加以演示，但儿童不仅学不到任何东西，而且随即忘掉。他要教书，还要读丁达尔[6]、赫胥

1　毕达哥拉斯（Pythagore，约前580—约前500年）古希腊数学家、哲学家。
2　路易十四（Louis XIV，1638年9月5日—1715年9月1日），法国波旁王朝国王，1643年至1715年在位。
3　莫特维尔夫人（Françoise Bertaud, Dame de Motteville）生于1615年，卒于1689年12月29日，法国文学热衷者。
4　克劳德·昂列·圣西门（Claude Henri de Rouvroy, Comte de Saint-Simon，1760年10月17日—1825年5月19日），法国哲学家、经济学家、空想社会主义者。
5　塞巴斯蒂安·勒普雷斯特雷·德·沃邦（Sébastien Le Prestre de Vauban，1633—1707年），法国元帅，著名的军事工程师。
6　丁达尔（John Tyndall，1820年8月2日—1893年12月4日），爱尔兰物理学家。

黎[1]、莱尔[2]、麦克斯韦[3]或马赫[4]的著作。由此可以设想这样连续不断的教学的可笑之处，在高级阶段，由初等师范学校的教师教授中级班学生，而这些学生是为7岁学生讲课的师范生。在这样良好的系统里，所有人都回到7岁的时光，几乎都在说哺育者。这就是摘掉假面具的目空一切的教育学。

  我想要的是自己能够学习的教师，是从源头学习的教师。高等教育便从源头教起。未来小学教师就要走向高等教育，他要根据自己的兴趣，修完3或4个文凭，两个文学文凭，两个科学文凭。但这之后，他也不能把所有知道的东西一股脑地灌注到小学生的班上，因为小学生还在学习拼写。教师应当学会教学，不要企图教授自己所知道的全部东西，而是出其不意地指明一些细节，因为这是引人注意的时机，年轻的头脑中的思想脉搏永远无法把握。通常来讲，我看到的小学课堂是教师不做什么事，而是儿童忙碌的场所。这些课根本不应像下雨那样纷落，儿童也不应交臂倾听。儿童应当阅读、写作、计算、绘画、讲述、抄写。古老的教练员系统在此重现，因为对于拼写或计算的最严重的错误，无论教师是放任，还是全部改正，都是荒谬的。黑板上的许多练习，总是要在石板上重复，特别是要慢，

---

  1 汤玛斯·亨利·赫胥黎（Thomas Henry Huxley，1825年5月4日—1895年6月29日），英国生物学家。

  2 查尔斯·莱尔（Charles Lyell，1797年11月14日—1875年2月22日）爵士，英国的地质学家、律师。

  3 詹姆斯·克拉克·麦克斯韦（James Clerk Maxwell，1831年6月13日—1879年11月5日），苏格兰数学物理学家。

  4 恩斯特·马赫（Ernst Mach，1838—1916年）奥地利–捷克物理学家、心理学家和哲学家。

要重来，要留有充足的时间，这对教师并无大碍，对儿童却有好处。也还要用许多时间督促儿童保持笔记本整洁，抄写也是需要思想的行为。最后，要使教室成为一种作坊。美术教师在学生面前绘画，你们怎么想？同样在作业中有极小变化，阅读加上朗诵，是全部学习的方法。

教师在高处监督着，从备课中，从疲劳的独白中解脱出来，也从一再重复而不是学习中解脱出来，从可笑的教育学会谈中解脱出来。教师解除了疲劳，为自己保留了时间，如果他想首先从源头学起，便可以不间断地学习。这便是在儿童思想飞跃的宝贵时间里，用几句话对教师的指引和启迪。为了迎接这样幸福的时刻，总是要求儿童阅读、写作、背诵、绘画、计算，像是在工地上劳动，充斥着儿童们的嘈杂声。教师听着，监督着，而不要说话。应当是伟大的著作在说话，有比这更好的吗？

三十四、神采飞扬的讲话最不值钱

我听过一个大人物上的课，他或是尝试吸引注意力，或是快速讲话，说一些重大而美好的事情。但很难对我有什么启发，因为我认为，这种神采飞扬的讲话最不值钱。我担心人们都走掉，只剩他一人。然而我还是继续听他讲，并像在记录他所谈及的思想那样书写。我把这些内容转变成一堂听写课。我记得一位老先生或是在抄写拉阿尔普[1]书中的精细判断和闪光的语句，或是在创作。他可能随着某个突然而至的人的声调和姿态读着或背诵着，他经常把一个词读成另一个词，例如，不是让－雅克·卢梭[2]而是耶稣基督[3]，从而引来一种无法预见的思想。这是听写课还是演讲课呢？

　　家长担心一切。初中生经常做一些被要求提交的难弄的测试表。对我来说，我丝毫不觉得听写课有什么不好，如果课是好的。我感到需要指责的是演讲课，即使课是好的，学生带来的也只是不完整的只言片语。我特别担心那些活动课，正如他们所说，其中有十分之九都是糟糕的吵吵嚷嚷。庆幸的是，它什么也没留下，但时间浪费掉了。说错了，不如什么都不说；说得好的很少见。对于值得关注的，不只是需要写一遍，而是要写二十遍。书写，既美又好。一个有经验的人说，"我所说的，应当在黑板上体现，同时要写在笔记本上。这是对思想的检验，而没有别的办法来检验。从未有任何演说家在讲话时思想，也从未有任何听讲者在倾听时思想。《时代》[4]吞噬着自己的孩子。这就是为什么共同的语言将无任何变更而重现的表述称之为思想。通过救助这些有韧性的东西，思想从黑暗的王国中走出。这就是为什么书写行为与思考没有任何如人们有时轻率地说的那种对立。需要一种由

　　1　让－弗朗索瓦·德·拉阿尔普（Jean-François de La Harpe，1739年11月20日—1803年2月11日）瑞士裔法国作家。

　　2　让－雅克·卢梭（Jean-Jacques Rousseau，1712年6月28日—1778年7月2日），法国18世纪伟大的启蒙思想家、哲学家、教育家、文学家，18世纪法国大革命的思想先驱，杰出的民主论政家和浪漫主义文学流派的开创者，启蒙运动最卓越的代表人物之一。

　　3　耶稣基督（Jésus-Christ），基督教各派信奉的救世主。圣经《新约》载，耶稣为上帝的独生子，由圣灵感孕童贞女玛利亚，取肉身降世拯救人类。

　　4　《时代》（Le Temps）为1861—1942年在巴黎发行的法文日报。

身体跟随思想的行动，我在那里看不到任何比带领我们沉思的书写更好的东西，因为我们的沉思总是漂移不定和脆弱的。但书写同所有其他实践一样也是教学，那些在教学中真正思想的人没有任何说出来的使命。正如谚语所言，"爱出主意者绝不是要掏腰包者。"

这个经验者继续说，"人们总是说得很快，不仅对他来说太快，对别人来说也是太快。如果我拿起粉笔，写上我所说的，他们仍然感觉太快。以我这老者自居，如果运气好的话，数次课中也有一次课无人讲话。我想加深铭刻伟大人物的思想，有时是我自己的思想，但听讲者总是各自有不同的记录方式。以单独面对学生的方式教学，老夫人和她的车夫会学到一些东西。最低等的钢琴师更注意'多'或'发'音阶，而思想者从不关注其他人的思想，甚至他自己的思想，这不是一件令人惊奇的事情吗？传说中讲到，如果想从普罗透斯[1]那里获得某些东西，需要把他用锁链缚住。但是在公共课程中谁能缚住普罗透斯呢？维吉尔的一些诗歌也许被无数遍地抄写或被无数遍地背诵。我们的人文主义者拯救了思想。但他们缓慢的方法距离我的写作方式并不遥远。"

三十五、不能阅读或不能书写的课程都是浪费的课程

所有人都来听后续课。一个想通过这一方式学习的人，不希望看到如此呈现的概念，便选择了英雄史诗的部分，并用一小时进行速记。

---

[1] 普罗透斯（Protée）是希腊神话中的一个早期海神，荷马所称的"海洋老人"之一。他有预知未来的能力，但他经常变化外形使人无法捉到他。他只向逮到他的人预言未来。

他记录了全部，只是在听的过程中注意做一些重点标注。然后，他毫不费力地誊清了全部讲稿。需要看到这种重建的工作比其他任何人都能锻炼判断力。那些标注等待我们，把我们重新带回到课堂，而通过想象不会使我们迷路。我们在整体上熟悉这些思想，在预设的思想和更好确定的标注之间，我们进行有把握的思考。我们创新而不是创造。我补充说，同样在速记工作中，通过这些规定的和轻易的动作，可以保持身体处于灵敏状态，具有事先短暂的注意，进行自由与公正的思维运动。对于课堂授课这已经足够好了，但需要两个条件，一是讲课中要有板书，一是注意讲课的形式。那些学生适合课堂授课，人们都不难理解。

初等教育通常由课堂教学开始，至少是未来的教师都接受由不懂这一职业的雄心勃勃的教育学家进行的这种培训。教师则根据其经验以完全不同的方式练就，正如人们所想的那样，但他不能完全轻视课堂教学，因为有抽象教育学的代理人，这就是督学。督学的责任不是看儿童是否学到某些东西，而是看教师是否在工作。如果教师在教育家代理人的眼下，超过一次地用一小时的时间教学生写一些常用词或简单例句，即使是他应当这样做，督学也会认定教师职业有点太过容易。因此，无聊的历史与道德课，实物演示课长久持续，更无聊的是，儿童不理解那些词汇的意义。

人们都很明白，一个小学生不可能撰写文章。如果向他提出重写刚刚听到的一句话，则是一个不错的练习。但是，只能有30个学生，并需要半小时来练习写一句话。教育学家毫不掩饰地认为进展很慢。再说，小学生没有能力记下飞快的注解。他们所有人只能交叉手臂，盯着老师的脸，就像注意看一个变戏法的人。面孔的表情有很大的迷惑，没有比接收言谈，只知点头的听讲者更傻的人。只是教育学家兼督学完全不了解这些，这犹如一个宪兵来监督教师备课。监控的职业变得愚蠢与无知，毫无例外。我知道许多督学都是这样行事，其热情令人钦佩，这很好，但却不能给他们带来任何思想。需要说的是，孩子们不能阅读或不能书写的所有课程都是浪费的课程。还需要说的是，这些多嘴多舌的教育学家，以使已经艰辛的职业变得不可实施而告终结，而他们对此却毫不知晓。

三十六、全部文化的姿态就是谦逊

如果教育学家不去捕捉其他猎物，教师会懂得许多事情，而学生们却什么都不知道。只有一种方式能够在儿童的头脑上刻印拼写与语法规则，这便是重复再重复，这便是纠错与让他们纠错。儿童在大家的注视下觉察到自己在黑板上的错误，重新用粉笔写出语法变位。如果让他理解分词的对应关系，并同时注意拼写，不是需要他写一个例句，而是需要写十个例句。所有儿童都要把这些例句写在板上，然后再抄写到笔记本上。这些练习会花费时间，需要用一小时来练习一个句子。钢琴教师对一个儿童在一小时内学习这样少的东西毫不惊奇。教育学家瞧不起所有工坊都实行的这样笨拙的方法。督学对一个用20个例句纠正10个错误的教师说，"你什么时候开始上课呢？"

上课，就是看着30个竖起的脑瓜讲话，就是对照分词规则展示错误的语言表述，就是激发儿童的注意力、记忆力和表达力。这些能力为讲演者和报告人所熟知，也就是运用声带，并会引起一些头痛，就是强迫自己把占用一小时的两节课装进脑袋里。我可以说，每个上午三节课，下午两节课，如果课程安排继续文学课的话，我敢说这有些过分。然而，有许多好书，如果孩子们轮流阅读而不是听讲，所有课程同时又是一种阅读课。人们说，阅读是很困难的一件事。人们认为，全部文化的姿态就是谦逊。但有教育学家在监督，他们需要富有表情的、动人心弦的、生动活泼的课程。

你们发现，经验已经是这样。8天之后，记忆中课堂上课的内容所剩无几，而15天之后便荡然无存。通过背诵、阅读、抄写和再抄写，儿童最终会保留一些东西。所有人都知道这些，但督学坐在教室里，就像在剧院里听编排巧妙的独角戏，或听一段规定好的会话，由事先设定好位置的两三个儿童回答指定的问题。然而，好的方面是督学根本不听教师所讲，而只是关心儿童所知。如果我评价一堂钢琴课，我会听儿童的弹奏，而不是教师。如果儿童知道他应当知道的，我便请求教师向我传授他的教学法。但仅仅通过这一发现，人们可以看到，我的出生毫不重要。"聪明的人不用学习便知晓一切。"

三十七、伟大的位置真是不能给予所有人

课堂授课是在浪费时间。记笔记毫无用处。我发现，在兵营里，人们不仅以清晰的方式解释步枪的构造，而且每个人都被允许去拆解

与安装步枪，同时叙述老师所讲的同样词汇。那些没有这样重复做，重复说20遍以上的人，就不了解步枪。他只记得听过了解步枪的人讲话。不能只通过看绘画极好的教授来学习绘画，也不能只通过听演奏家弹钢琴来学钢琴。同样，我经常说，不是只听一个能演讲、会思想的人讲话就能学会写作，学会思想。正如人们所说，需要尝试，需要做，反复做，直至进入职业之中。

  我们的课堂从未有工坊里的那种耐力，也许是因为教师对自己的讲话自我欣赏，也许是因为他的职业生涯就依赖于他展示的长时间独自讲话的这一才能。教学的目的也可能就是为了区分那些善于模仿与创造的精英，因为伟大的位置真是不能给予所有人。应当学习军事教官的严酷耐力，要求所有人学会拆装步枪。因为这不是关系到两三个教官所教的职业，而是所有教官的职业。如果强调思想、讲话、书写是人的武器，而不是用几个月时间在他们面前拆装步枪的全部系统构造，我想用所有讲话与推理的方式说，那就让他们把所有零件都动手拆卸，直至装配一件武器，然后再装另一件武器。最熟练的人毫无损失，因为只要重做一次便可以再掌握并熟悉这一技能。而另一些人总是缺少这种指头上的技能。例如，有个人要写剧本。我对他说："或是演员，或是提词者，或是抄谱者，如果你能够做这一行的所有工作，同时写20或30个剧本。然后再看你是否有能力写一个剧本。"

  如果这样考虑，那么课程是什么呢？请看，你在听课者面前说三句话，而不是快速地书写。每个人应当随即写出工整的三句话。灵巧的人变化不大，他们是创造者。不太聪明的人写出的错误明显，但容易改正。老师检查所有这些作业，并分类摆放。之后，他们学习在两句话之间插入一句话，或在三句话后面补充第四句话。有差异、有创新的便是最佳的句子，可荣幸地写在黑板上，并在最后擦掉。然后，擦掉所有句子，让大家重写、背诵，在背诵中找差异，寻找好的例句，变换例句。有人说，这样时间太长，但毫无效果的工作有何用处？

这种方法的最大弊病是难以实践，因为方法不像空气。教师不会拿出一组改正好的作业和20页的备课本，他也不像其他劳动者那样累。他相机指导，如果有所不知，可以随时打开词典查看。时间过得很快，督学感到工钱马上到手。他还感到，当年轻观众欣赏杂技时，一个充斥谬论的思想者正把孩子推向深渊。

三十八、成功或失败，都可以重新开始

常规阅读会有一些令人惊奇也难于处理的问题。当问题根本不能解决时，也不能区分会阅读的人与根本不会阅读的人。结结巴巴地朗读毫无用处。当精力放在构词上，思想便会流逝。当一句话像蛇一样从洞中出来，又立刻进入另一洞内，这一闪光的瞬间，可能就是新课，就是优秀的课。人们说，我们现在生活在快节奏中，被机器所裹挟。毫不夸张，人们周日的散步总是同一步伐，不缺少成队的闲逛者和道德败坏者，也不缺少留意旧桌子和旧家具的古董收藏者。我们在此获得成功，迅速地做那些不值得人们在意的事情。费力地读一份布告是可笑的事，需要学会浏览，大部分报纸的内容应当迅速浏览。看看题目，看看重要的词就已经足够了。简单地说，应当像音乐家练习音乐那样

学会读书。

  我们处于自我阅读的时代，边读边听。这个讲话者在自言自语，说城市距离这里 5 千米，说法国人在演《安德罗玛克》[1]。这个讲话者不是那个时代的人，他完全不懂阅读。甚至他为别人高声朗读报纸，相当注意声调与符号的关联，但我不敢保证他懂得他所念的东西。阅读艺术中讲话这部分应当抹去。我想，当我阅读时，声调没有用处，也浪费时间。人类的存在迅速地影响习俗。我问自己，小学生通过高声朗读练习，能不能学会缓慢阅读。此外，在所有依赖机械主义的思维活动中，自开始就需要对速度予以鼓励，因为迟钝经常被我们理解为愚蠢，也是一种狂躁症的表现。口算，是我们教学法新的闪光之处。教师和学生在其中不断创造新方法，以避免出错。这种练习对于思维是有益的，是对机械主义的蔑视，是高屋建瓴，是摆脱束缚，是与学习走步、跑步、攀登、游泳、捉兔的人具有同样的学习方式。

  但是阅读不敢疾跑，它要有自己的尊严。正如有人所言，人们以庄严的步伐阅读。人们经常说应当慢慢地学习，避免快进的方法，但我不同意这样。我发现做得快反而更容易，为什么？因为人们可以以此摆脱导致愚蠢的错误的思想、一时的梦想。当注意力滞后，也就转变了方向。在这方面，我有一次偶然卷入战争的经验。我曾经教一组信号兵学习莫尔斯电码的字母[2]，但他们完全就是文盲，只能通过声音

  1　安德罗玛克（Andromaque），古希腊英雄赫克托耳的妻子。法国诗人拉辛（1639—1699 年）作同名戏剧。
  2　莫尔斯电码（Morse）是一种以点和线表示的信号代码，通过不同的排列顺序来表达不同的字母、数字和标点符号，由美国人艾尔菲德·维尔（Alfred Lewis Vail）与萨缪尔·摩尔斯（Samuel Finley Breese Morse）在 1836 年发明。

教授。经过一段探索，我确信练习中加快速度时也能激发注意力。口算的情况也是这样，速度绝不能与准确分开。那么如何做呢？只要首先选择能使学员快速进步又不出错的练习，结果是不必错误地实施由慢到快的方案，只需要由简单到复杂，快速地前进。我发现这样的严厉方法会使人高兴，同时还能培养人的性格。人们教授计算，就像教人穿过马路。不是慢慢地行走，而是要选择时机，学会安排自己，做快些，不要有任何胆怯。

如何将这些规则运用到阅读？需要读那些在幕布上短暂出现的句子，然后将其遮蔽，让人写下刚刚读到的句子。通过同样练习，人们也学习拼写。再认看到的一个词和一句话，就像再认一个人。人们或成功或失败，都可以重新开始，重振精神。人们也可以展示一块标牌，然后收起，重要的可以重现，可以看到这就是思维的练习，就是判断力的练习。不要指望散文家密集的篇章，从整体到具体，将由探索的目光有效地予以解释。不是讲话结巴的人，而是那些碰到难懂词汇的人，思想停顿为小片段，这便形成了结结巴巴的思想。他们在门口争吵，却不得入门。

三十九、整体思想才是思想

学会阅读，不是仅仅认识字母，把字母连起来发音，而是要快进，一眼就能看到完整的句子，就能认识词汇的帆缆，就像水兵认识自己的船舰。忽略那些微不足道的东西，跨越主要的困难，就像能够读懂音乐的人那样。这样的快节奏并非没有危险，然而却可以从中获得猜测的愉悦。这个节奏不是小学生把鼻子贴在书上，一个音节接一个音节地那样读。这样费力的拼读，会麻痹注意力。需要快速阅读，但会陷入嘟嘟囔囔的发音。有一种能够重新认识字母的巧妙方法，做到再认字母毫无困难。我不相信人们在寻找能够激发整体思维，摆脱拼写困难的方法。比较聪明的学生可以从拼写困难中走出，还需要引导其他人从中走出来。我相信，这些人经常因迟疑不决和缺乏自信而滞后，他们像翻地那样阅读，一个土块接一个土块，完整的思想被铁锹铲断。我还相信，大胆的男孩把音节一个接一个地铲除掉，即使翻遍《圣经》也毫无长进。不是所有职业都要慢，在这里暂且不提。一步一步，可以远行，至于阅读，重要的不是到达行尾。需要从这里开始，然后重启。劳动的品德并非阅读的品德。

在背诵竞赛时，一个在记忆不准确时小有作弊的人，不是想获得好的名次，而是要避免惩罚。旁边的人把他的书移过去，打开到恰当的位置，瞄一眼便可找回准备好的记忆，收集到一组宝贵的符号，而这些符号并未远离他的视线。每个人都懂得，即使知道差不多是什么，但距离背诵出来还差很远。这是极好的训练。我不知道为什么儿童有时不能背诵差不多记在心中的课文。也许可以向他显示部分遮挡的文字，就像打开灯光显示牌那样。一个哲学词汇就像难以徒手攀爬的暗礁，但词汇的整体却像一个手推车或火车头那样容易辨认。如果这样的词汇在闪电般的瞬间全部出现，思想会在其间更好运行，由它判断和主导。一个短语，甚至插入的复合句，看上几次后，哪怕消失，随后也可认出。通过这样的训练，思想处于警觉的状态，不必去应对音节的困难，只需实践这一闪现的判断，有时文盲的判断比其他人更为活跃。注意力像跳跃那样准备去应对一切，不仅去阅读，还要去思想，而且两者从不是相互分离。然而，音节毫无意义，甚至一个词也无大意义。是一句话解释着一个词汇。

　　我乘公交车时像其他人那样自寻乐趣，读着贴在玻璃窗上的广告牌，但文字却是反向的。我就像文盲一样，因为我轻松认识每一个字母，但对整个词汇却完全陌生。我一个字母、一个字母地拼读，但从未轻易地一下子就认出来。没有人注意到我在认字，也没有人能让我像认识人的面孔那样认识一个词。如果我能够从下巴、鼻子、眼睛等部分认识面孔，我也绝不会真正认识人的面孔。此外，如果我们思想的规则是从具体到整体，我们的思想便永无收获，因为任何具体事物相互分离，无任何目的。整体思想才是思想。因此，学习拼读，无论如何都是非常糟糕的开始。

四十、如果缺乏对思维困难的思考，所有教育创新都是无价值的

　　我不考虑他所说的，因为他所说的与他所想的还不是一回事。听听那些唠叨话吧，想的总是比说的慢一截。我现在说的话，覆盖了之前刚刚说的话。每个人都知道，这些说话者总是在思想的节点上。谈话本身没有节制，因为从某种意义上说，谈话总在继续，每一段话承接着前一段话，但有什么意义吗？一个姿态接一个姿态，都在一个意

义上。一个人向听他讲话的人挥舞着双臂。但通过更隐蔽的器官的作用，一个词接一个词，低音接着高音，从卷舌音到摩擦音，谈话就是这样。我听说过有人讲这样的理由，他的嘴不能保持同一状态，他的喉咙也不能以同一方式震颤。谈话的规则就像大海涛声那样均衡不息。所有争论都是由这种忘却的记忆而引起。

如果缺乏对思维困难的思考，所有教育创新都是无价值的。人们赞扬儿童能说会道，我听到一个大人物就质疑说，鸟的歌唱其实是一种无知识的模仿，如果训练有素，老乌鸦也会模仿。很难轻视这些智慧的和谐一致，在那里智慧只为别人，毫不为己。当儿童不会正确地重复他所说过的话，当他也不思考他所说的话，最终当他不想他所想，便什么事都没做。人们看到，一些寻求智慧的无知者特别依赖朴素诗歌中的谚语，其中的数字和韵脚被看作重新找到思想的标志。这种想法逐渐强化，但毫无进展。越是完美的诗篇越能禁锢思想，诗歌顺从于思想，却不能从思想中解脱。

得以解脱的是散文。散文促进了值得歌唱的记忆。只有可阅读的散文，会阅读便是一切。每个人都懂得，会阅读的人可以自我培训，但会阅读的品德并不都在那里，而是凭借这个不变的物体，即黑在白之上的书的品德，存在于阅读的最初时刻，存在于懂得人们所说的那个美好时刻，存在于摆脱记忆与迷乱的时刻。我们自己思想的模式，即席之作保留下来，自由之作固定下来。保留下来的不再是节奏，而是事物。这就是我试图保留思想而不丧失思想的经验。

曾经有谚语、诗歌、永恒叙事的年代。至于信仰的年代，人们相信真实与否并不重要。在古老的传说中，完全可能有好的意义。但由于记忆不可避免，担心迷失方向，思想却成为奴隶。也许需要指出，在古老的智慧中，根本没有希望存在，总是只有相同的路和相同的目标。同一秩序、同一速度、同一休止，这便是记忆的王国。阅读，首先要纠正错误思想的恐惧。边唱边读，仅仅是学习。读眼神，检验不变的物体，瞥视探究，复读，这是阅读的优化。通过书写艺术的完善，冒险的思想在这里获得一种支持，这是一种希望的开始。需要通过阅读、再阅读、抄写、模仿、纠错、再抄写的混合练习，甚至是印刷，来瞄准这样的目标。难道这不是儿童不具备思想、验证、纠错、清理这种结构模式的原因吗？此外，书写时模仿印刷形式总是好的，因为当前印刷是思想的国王。因此，总是依据古老智慧中思想永恒的规则，人们在保存的同时一点一点地变革。这便是同一运动中的怀疑与相信。

四十一、一切美好的事物都难以获取

教师，作为一个有经验者，向其助手一说再说，原则是阅读和再阅读。"无论是历史，或物理，或道德，书籍总是首要的教师，而你只是书籍的助手。你要从服从书籍开始，自己需要先清晰地、用心地阅读，然后再让儿童读相同的页面，并且不止一遍。要保证每个人低声阅读，并注意到有人在监督。经常出其不意地变换阅读者。我承认，这不好玩，但我们在这里不是为了娱乐。"通过这样的严厉方法，他终于使那里几乎没有文盲。但督学的长袍还是在这里晃荡。

有一天，一下子来了三个督学。他们依据其重要地位先后走来，由一位老教师陪同。年轻教师毫不胆怯，但也没有勇气让孩子们结结巴巴地讲话，也不敢让他们发齿舌音、卷舌音和喉舌音。从历史课文朗读开始，正好是叙述部分，所有孩子都交叉双臂，眼睛盯在书本上。诺曼底人登船而来，接着是搏斗、抢劫、签约、婚庆。好国王罗龙[1]，吊在树上的珠宝，城堡与诸侯，征召告示与被征召的军队，王旗与甲胄，歌剧的背景装潢。他还描绘了塞纳河的地图，沿着弯弯曲曲的河岸和陡峭的山岩，人们相信会看到诺曼人像蚂蚁一样奔跑与攀爬，另一些像蚂蚁的诺曼人在执行警戒。儿童对这种不同的学习方式产生极大的兴趣，似乎可以看到他们说话的眼睛，并对三个极其满意的督学瞟了几眼。

三人中的最年长者说，"活跃的课堂。""我也想这样说"，第二个督学随即赞同。第三个挥帽表示同意。接着长者又说，"应当使儿童感兴趣，这就是全部。"简单地说，两个教师获得了上千句好话，儿童们也得以休息。

当天晚上，老教师向年轻教师说："是谁消除了三期《十字》日报的影响，我们的主管非常担心这份报纸。你能捉弄这三个老孩子，我感觉是一件不错的事。他们是建立在可怜的虚荣之上的弱者，而不是职业的学习者。对待老孩子如同对待小孩子一样，但是，我的朋友，对待年轻的儿童，应当像对待成人一样，就是说其中有无法预知的困苦与注意，以及及时见到成果的棘手艺术。正如谚语所讲，一切美好的事物都难以获取，不会拉小提琴的人无法体会其中的乐趣。此外，

1　罗龙（Rollon），传说逝于928—933年之间，维京人首领。911年，罗龙停止掠夺，并被授予鲁昂周边领土国王之位。百年之后，这块领地成为诺曼底公国。

我毫不感到奇怪，今天这三个土里土气的先生中的一个人有些瞧不起你，因为这不是在他们父母家，其父母会教他们尊重出售快乐的商人，尊重显示画片的人。重大的事情不是唤醒这些小人的智慧，因为他们太狡猾，而是根据印刷品来规范他们，这些印刷品是我们的建筑物，是我们的大教堂。纪念塔对峙纪念塔，但更好地说，应该是纪念塔之上的纪念塔。幸运的是，雄辩术的时代已经过去。"

四十二、阅读才是学习之路

　　人们发现有很多文盲。如何会出现其他情况呢？初等教育的课程超出了可笑的地步。小学成了缩减版的大学，唯一的教师被首先要求无所不知，要在半小时的课上全部讲完，要像讲座者那样把讲课内容准备在几页纸上。实际上，教师立刻忘记了这样宏伟的教学法，而是开始了解其职业。当其学生学会阅读、书写和计算，他相当高兴。然而，一个演讲者顾问这样探究，如果课程中的内容都不被忘记，一些卫生、农业、烹饪、物理、化学、社会学、伦理学、美学知识将会有用。演讲者们相信，他们获得了一些东西。
　　会有这样的情况，教师，特别是年轻教师喜欢夸夸其谈，学生也不是没有兴趣听讲，其实这是懒惰之计。但是，仅仅听讲则什么也学不到，阅读才是学习之路。然而，在某个地方的一所模范学校里，时间按点数计算。在那里的一些简单经验展示的技巧课上，在灯光的照耀下，孩子们目不转睛地看着引人注目的各种标记，你可以肯定,学生在那里根本不会阅读。演讲者也不会去经历这些,他们认为这样时间太长,太烦,完全在他们的感觉之下。这是老师评价孩子们的事,这是督学评价老师的事。这就是为什么督学满意地听一些关于心或肺的课程,并有一些来自肉店的实物展示。可以肯定,文盲对这些事物感兴趣,记住一些浮浅而无用的道理,只是他不会阅读。

书写与计算比较容易学习,而阅读则有些困难。我轻松地、毫不费力地、精力充沛地听人朗读,以致思想与文字相脱离,也不能注意其意义。我认识一个文盲,正是当兵的年龄,有心学习阅读,但很费劲地学习拼读。他的一个朋友问道:"你的报纸说什么?"他回答说,"我什么也不知道,我只是读。"他只注意把字母发出音来,这用去了他的全部脑筋。需要超越这个时间段,这只是阅读的奴隶。然而,成年人通常达不到。儿童却可以,条件是阅读,再阅读。如果他走出学校时还是嘟嘟囔囔、结结巴巴地讲话,就不会有任何阅读的兴趣,他甚至会忘记他说过的一些话。

如果我是演讲者的主管,我会把小牛的心和肺送还给肉店。所有的课将是阅读,人们读历史,读地理,读卫生保健,读道德。如果人们从这些读书中掌握阅读的艺术,我认为就已经足够了。我将把一切类似雄辩术的课程从我们的学校赶出去,甚至解释阅读的评论也不保留。人们阅读,不断地阅读,每个人轮流高声朗读,其他人跟随低声朗读,教师监督着,这就足够了。对教师的评价要根据他的学生们所知道的,而不是根据他所知道的。我不去问学生是否知道大革命历史中的一些事件,当然他可以像观众,像优秀音乐家听音乐那样轻松、愉快地读米什莱[1]的著作。哎呀！我充其量知道四度音程和五度音程、旋律与和弦，我就是音乐的文盲，我读不懂音乐，只会拼音符。由于缺少这些只能在儿童时期学习的基础知识，高级知识对我来说几乎无用。

四十三、都知道会有失败的结果，就不要去尝试

　　设想有这样一所为一定年龄儿童建立的公立学校，此校有6个班级及6位教师。假设我是一个理论家，承担督学角色。我发现这6位教师具有不同的能力，我决定每个人仅仅教他们掌握最好的课。这很合情合理。于是，一个教师从一个班级到另一个班级，只教书写、绘画和几何，另一位教师也是从一个班级走到另一个班级，只做关于圣女贞德[2]和贝亚德[3]的精彩演讲。还有一位教师只讲法语语法，再有一位教师只讲道德。所有懂点教师职业的人都可以预言结果。根据预言，结果是令人唾弃的。为什么？告诉我为什么？下面的原因不可忽视，因为它们是不可战胜的。

　　这里讲一讲纪律问题，只讲纪律。教师，唯一的教师，保证一天面对两次有40个学生的班级的秩序，是可行的职业。但保证六个

　　1　儒勒·米什莱（Jules Michelet，1798年8月21日—1874年2月9日）生于法国巴黎，为法国历史学家，被誉为"法国史学之父"。
　　2　圣女贞德（Jeanne d'Arc，1412年1月6日—1431年5月30日），一位法国农村少女，她在英法百年战争（1337—1453年）中带领法国军队对抗英军的入侵，最后被捕并被处决。后被封为天主教圣人，被法国人视为民族英雄。
　　3　贝亚德（Bayard），法国一家面向儿童的出版社。

班级的秩序，并且一周只去一次，仅仅讲一些东西，这便是不可行的职业。高中教师十分清楚，但他们并不乐于这样做。受过训练、了解这一职业并有职称的人，每天都在学校，会受到其基本班级学生的尊重。而同一个人，去给另外的学生每周上一小时的法语课，也会遇到困难。往好了说，他与这些陌生人签订了一个不体面的合同。他在安静中讲话，学生们却做其他事情。时间过去，教师默默地生气、疲倦、无热情、无勇气。谁考虑这些流逝的时间？根本没有人说。

更糟糕的是，有时把基本班级学生同一些陌生学生混同起来。按常规，当那些没有整体习惯的学生聚在一起的时候，总会有一些秩序混乱。每个人都容易成为肇事者。于是，正如人们所说，人员混杂结出了苦果。人们都知道这样的结果，这毫无疑问。但人们却要尝试，因为如此准确预言的失败原因，人们根本不想说，还因为决定尝试的一部分人曾是教学好的，但不再教学的人，另一部分人曾是教学不好的，并因此改做行政的人，还有一部分坐在办公室的人，他们从未教过学，也根本不会教学，允许我称他们为公共教育的文盲。这些人在某种意义上类似于军队中的上士，他们知道一点常规的法律，可以不好也不坏地管理船只、船闸、剧场、剧团的面包或国家的不动产。当他们在这个陌生的职业中变得老些，便足以成为这样的人，让一个有文凭的班主任教师教一个班级 8—10 小时的课。像数扫把那样计算 2 小时的法语课。另外一个教师不计算课时，当觉得 2 小时不够时，便增加 1 小时。一切都好，都记在纸上。

中央行政从不去想另一种办法？关于法国大剧院、一个养老院、一个游泳池、一座监狱或一所学校，不总是会涉及资历、晋级、职称、福利、求职者、信贷、储蓄、作息时间表吗？面试与档案、管理机构之间的冲突、税点、判例，这永远是无知执政的同一艺术。鱼雷艇、飞机、食堂、领补贴者、残障者、战争赔款、疫苗接种、教育、桥梁、路道、洪水，这一切都是同等的。这一切赋予同一抽象劳动，所有行政人员即刻都懂，而其他人却不明白。

四十四、培养儿童用眼睛阅读

  如果我是初等教育的主管，我会提出让所有法国人学习阅读这样的唯一目标。我们也说到书写和计算，但要单独教学。我认识一些不会阅读的人，但很会计算。真正的困难是学习阅读。至于物理、化学、历史或道德课，如果首先不是阅读物理、化学、历史和道德，我便认为这些课完全可笑。我说过用眼睛阅读，在我看来，它界定了一个我们难以进入的人文时期。

  听讲、背诵、高声朗读，这是尚未开化的思想戒律，完全体现在弥撒和布道之中。人们在讨论中相当多地谈及这种戒律，但总是无用，有时还有害，找不到支持我们思想的真正理由，也无任何由连续的肢体行为体现的隐喻。听讲，总是往前走，从未有能力回复；或需要回味，再学习，因此需要重复。机械主义在操作，习俗在教导我们。当我们有一种看法，习俗将我们的想法掠去。是的，当我们有一个坚定的看法时，习俗的力量也很强大，我们不得不遵循习俗。

但我们说得太少。当身体在那里，激情也在那里。讲话激烈起来，无手势的讲话便无法进行，特别是需要提高声调，把最轻微的喧嚣压制住，但不适合气恼。恼怒会使观点扭曲，并且经常会传染，甚至影响讲话者本人，因为讲话者要通过身体的训练不断地说服自己。这些总是维护雄辩术的令人生畏的力量，在漫长的世纪中引领世界历史。智力发育落后者依然相信话语的魔力，因为他们根本不能分清讲话的效果与其意义不相匹配而导致的原因的混乱。

用眼睛阅读，则完全是另外一回事情。观点就像一个物体，是固定的、外在的。我不必不断重复去努力支持它，我把我置于它的对面，我不动，也不像在游戏时屏住呼吸。我数次思考其各个部分，没有这个继续讲话的人或其他讲话者的担忧。我放弃它，又重拾起，它却不理我。我就像会计师，像代数学家，像几何学家那样行使这种仲裁人的职能，甚至对于我自己的思想。我的思想也是一个物体，它在我面前，我尝试它，我验证它，甚至在 8 天以后，我重新找到它，或放弃它。然而，所有思想都应经受这样的检验。用眼睛去思想，而不是用耳朵。

因此需要培养儿童用眼睛阅读的习惯。就是说首先需要瞄准常规的阅读，然后超越它。然而，我们的学生读起来结结巴巴，他们听讲和背诵都好于阅读。同样，驴帽子的长耳朵不再标志人们意向中的事物。

四十五、回到伟大作品，绝不要删减或摘要

当有人向我告知有一个普通文化的图书馆，我立刻前去借阅大量

卷本，相信会从中找到美丽的文本，宝贵的译文，找到诗人、政治家、道德家和思想家的宝库。但却一无所获，这些人都是大学问家，真的知识渊博，使我远离他们的文化。然而，文化一点儿也不能传承，一点儿也不能压缩。获取文化，任何人都需要追本溯源，饮取手心中的水，而不是借来的杯子中的水。总要去领会发明者原创的思想，晦涩总比平庸要好。在美好与真实之间，总要偏重于美好，因为情趣总是启发判断。更好的是，选择最古老的美，经过验证的好，因为没有必要去折腾那些判断，只要去实践它。美好是真实的标志，是每个真实的第一存在，因此我在莫里哀[1]、莎士比亚[2]、巴尔扎克[3]的著作中，而不是在一些心理学的概述里认识了人。而我根本不想把巴尔扎克的激情思想写成10页文字，天才的视野是他所描述的半灰暗的整个世界，我不想把这个世界分离，因为从光明到黑暗的历程，恰好是我进入真实事物的经历。因此总是需要回到伟大作品，绝不要删减或摘要，摘要的功能仅仅是把我们带入著作本身。我还要说，我们应进入无注解的著作。注解，是虚华的平庸。人文主义将抖落这些蟊贼。

---

1 莫里哀（Molière，1622年1月15日—1673年2月17日），原名为让·巴蒂斯特·波克兰（Jean Baptiste Poquelin），法国喜剧作家、演员、戏剧活动家，代表作品有《无病呻吟》（*Le Malade Imaginaire*）《伪君子》（*Le Tartuffe ou l'Hypocrite*）《悭吝人》（*L'Avare*）等。

2 威廉·莎士比亚（William Shakespeare，1564年4月23日—1616年4月23日），英国文学史上最杰出的戏剧家，也是欧洲文艺复兴时期最重要、最伟大的作家，全世界最卓越的文学家之一。

3 奥诺雷·德·巴尔扎克（Honoré de Balzac，1799年5月20日—1850年8月18日），法国小说家，被称为"现代法国小说之父"，一生创作甚丰，著有91部小说，塑造了2472个栩栩如生的人物形象，合称《人间喜剧》（*La Comédie Humaine*）。

至于科学本身，我不想成为最后的发现者。这不能提高人的修养，对于人类的沉思也不够成熟，普通文化拒绝新鲜。我看到，我们新潮的追崇者就像听最新的交响曲那样，关注最新的思想。我的朋友，你的指南针快要疯了。职业人对我来说有太多的优势。混入现代乐队的奇特噪音，已经累赘，已不得体，它使我惊奇，使我慌乱，使我远离。年轻的音乐人十分类似于最新兴起的物理学家，他们给我们抛来了时间与速度的悖论。因为他们说，时间并不是单一的事物，也不是绝对的事物，它对于某些速度是正确的，但当速度达到光的速度时，它就不是这样。当两点相遇时的情况不再清晰可见，相遇在两点同时发生。这就是斯基泰[1]交响曲中的鸭鸣，是令人惊奇的怪音。

物理交响曲家就这样令我惊奇，然而我把耳朵堵上。现在是阅读丁达尔关于热的讲座，或是阅读法拉第[2]关于电磁现象的论文。这已被证实是好的。我所说的图书馆应当把这些书放在我们手中。我建议，如果你们真想成为物理学家，应在一张大桌上打开这一类论文，用你们的手再现书中所描述的经验，一项接一项。有人说，这些老经验"早为人知"，只是还没做。徒劳的工作，根本不能照亮索邦人[3]的晚宴。但不要性急，让我进行十年平凡的工作和阅读非时髦的著作，索邦人将远远地落在后面。

---

1 斯基泰（Scythes），也译为斯基泰人，希腊古典时代在欧洲东北部、东欧大草原至中亚一带居住与活动的游牧民族。

2 迈克尔·法拉第（Michael Faraday，1791年9月22日—1867年8月25日），英国物理学家、化学家。

3 索邦人（Sorbonnagre），指索邦大学的学生和教师。

四十六、判断也是沉思

　　有人问我，小学生可以流畅地阅读哪些书，而不受不良道德的浸染。我回答说，"那么读《忒勒马科斯历险记》[1]吧。"经验是现成的，同时我也进一步检视了菲乃隆如此有名气的著作，所有都考虑到了，但我还是怀疑人们会做得更好。这篇散文健康纯洁，通俗易懂，没有不适合儿童的过于紧凑或过于拖拉的情形。各个人物、寺庙、市场、旅行、风暴，好国王与暴君，立法者、神父、武士，所有古代圣贤，所有表现我们文明的地中海世界的内容均被排除。没有任何基督教的痕迹，异教在那里赤裸裸地呈现，米诺斯[2]惩罚坏国王。这种人文主义没有缺憾，这就是我们的形象。这个重要性并非微不足道，对于一个年轻人，远距离地凝视一个没有人试图相信属实的过去的宗教，不过是普遍道德的一件服饰。判断也是沉思，是一种从趋向于狂热的严肃状态中的完全解脱。

　　天主教看起来也是美好的，当人们不再相信它时便已美好，但

　　1　《忒勒马科斯历险记》（*Les Aventures de Télémaque*）为法国天主教神学家、诗人和作家弗朗索瓦·菲乃隆（François de Salignac de la Mothe-Fénelon，1651年8月6日—1715年1月7日）的作品，他在这部小说中，几乎不加掩饰地攻击了法国君主。忒勒玛科斯（Télémaque），古希腊神话男性人物之一。其事迹见于《奥德赛》。父母为奥德修斯与柏涅柏。奥德修斯参加特洛伊战争后20年未归，他在雅典娜帮助下历尽艰辛而寻见父亲，并协助父亲将图谋不轨者予以清除。
　　2　米诺斯（Minos）在希腊神话中是克里特之王，宙斯和欧罗巴的儿子，拉达曼迪斯和萨尔珀冬的同胞兄弟。古希腊的米诺斯文明就是以他的名字命名。

儿童的情况则有不同。儿童需要喜欢人类的错误，但不要去做，却可以去作诗。完全不相信恩典，轻装简行。儿童同样可以学习短篇小说，只是短篇小说可能属于年龄更长的一些人，其中的道德更为抽象，政治更少。对于异教来说所特有的，是这个社会的宗教和神祇的等级，通过不可避免的反抗，制造出形而上的宗教，甚至是我们思想的定位系统。如果人能经历所有这些年代则是好的。值得注意的是，如果不了解异教，就不能够评价天主教的时代。令人担忧的是，我们这个时代的小学生被剥夺了掌握这些可以使我们从否定中解脱，邀请我们去学习的重要观点的机会。

你会在这本平凡的书中找到你所希望的同样大胆、同样中庸的思想。首先是强烈反对战争的论述，人类为此感到羞愧。对战争所有原因的分析，远远达不到完备。人们从中发现野心冲动的作用，总是试图掩盖利益或需求。这些发挥表现在今天与明天。从农田或工厂回来的父亲，自愿地读着儿子的书。他翻过几页，游览了刚刚革新的萨兰托[1]，便回想起贪婪与野心的束缚，重新感到坚定不移的共产主义的梦想。苏维埃人遵循导师意愿与建议，像《伊多梅涅》[2]那样平分了土地，在这个农业与商品的小世界上实现了乌托邦，实现了太阳无法达到的光明。至于贸易，市场与财富资源都是公共的！也许部长们及其宠爱者、谄媚者的状况更好。在这里，亲信的伎俩加进了人文主义科学。

---

1 萨兰托（Salente），也称萨兰托半岛或萨兰蒂纳半岛（Salentina），是位于亚平宁半岛东南部的一个半岛。

2 《伊多梅涅》（*Idoménée*）为法国作曲家安德烈·坎普拉（AndréCampra，1660年12月4日—1744年6月29日）创作的歌剧，首演于1712年1月12日。

然而，神学院里没有任何卖弄的痕迹，主教怀有少年般的恩典。人性在跨越异教的同时也跨越了天主教。菲乃隆便是敢想敢干、毫不犹疑的人，也许他的神秘的心超越了上帝。但是这本书仍属于儿童，他的全部思想都是为了儿童。在我眼里十分清楚，伏尔泰在《查第格》[1]中写道，他还记得《忒勒马科斯历险记》。为什么一些读者想找到证据？这不过是旧教科书的附加装饰，没有多大必要，读就是了。

四十七、不思考的人不了解人性

因为我读过夏多布里昂[2]的《殉道者》，我便想到这本书适合我们的小学生。《忒勒马科斯历险记》作为非宗教书籍，容易接受自由思想，但对于《殉道者》，我会有一些无充分理由的抵触。如果我们想让我们的子女具有一些人类历史的观点，就不能让他们无视天主教。天主教的道理不能与取而代之的异教相割裂。这个过渡有着重要意义，它仍主导着我们的习俗，并在我们的思想中无例外地留有标记。想象一些富家子弟不知道电灯之外的光源与火源的世界。他们所具有的抽象知识便是直接的知识。电灯的出现依赖于之前的事物，不仅是思想还要有作为，有一系列比较容易的试验，我忘记说的还有玻璃、煤炭、

1　《查第格》（Zadig）为法国启蒙文学家伏尔泰所著的中篇小说，首次出版于1747 年。

2　弗朗索瓦-勒内·德·夏多布里昂（François-René de Chateaubriand，1768 年 9 月 4 日—1848 年 7 月 4 日），法国 18 至 19 世纪的作家，政治家，外交家，法兰西学院院士。其著作《殉道者》（Les Martyrs）作于 1809 年。

火、燧石。我们的全部思想，从理论到实践，天主教都有所发展，同时也发展了异教。正如人们首先了解斯多葛学派，甚至是柏拉图的预言，也正如人们今天仍然看到布列塔尼的迷信如此自然地融入圣人、圣母和三位一体的崇拜之中。但隐喻使我迷惑，特别是形而上的天主教在从属的多神主义中具体化。那些在此之上无思考的人便不了解人性。

夏多布里昂是一个好向导，也许是最好的向导，他在这里通过诗歌的凝思，为所有事物安排了恰当的位置。在新的家庭组织结构方面，奴隶的处罚，战争在精神之前的转变，地位的坠落，一切美好的未来，所有这些都值得庆祝。另一方面，异教也毫无改变。荷马祭司德莫杜克斯[1]并不比西里尔主教少受崇敬，维苏威的基督教隐修士具有斯多葛修行者的外貌与信条。天使的天空与魔鬼的地狱指挥着人类的争斗，并像伊利亚特[2]的神祇那样分配着厄运。故事本身显示出勇敢、节操、公正在古人那里并没有比我们低的价值。甚至天主教的狂热也毫无修饰，人们在这里自然可以看到忘恩负义的孩子殴打其奶妈。这对于指明人类的进步具有独特意义，并总在发生作用，但由于激情的强大力量，后经常发挥坏的作用。

我欣赏这一保持距离的精神力量，与那些想投入这一宗教的观众，并自认为虔诚的人。在这个人身上有一种高明，他称之为冷漠，但却是来自于一种明智。这个旅行者仁慈而孤僻。他对拿破仑并不惊奇，

1　德莫杜克斯（Démodocus），古希腊荷马时代的盲眼诗人。
2　《伊利亚特》（Iliade），古希腊诗人荷马的强弱弱格六音步史诗。故事的背景设在特洛伊战争期间，这是希腊城邦之间的冲突，军队对特洛伊城围困了十年之久，故事讲述了国王阿伽门农与英雄阿喀琉斯之间的争执。

他宣示共和。然而,他坚定地忠诚于法定的国王,但同是这个人写道:"我不相信国王。"我在《殉道者》中发现一句漂亮的话。当基督徒厄多拉(Eudore)把其外套披在一个穷人身上,一个异教徒问他,"也许你相信这个奴隶是隐藏的神?"厄多拉回答,"不,我相信他是个人。"

四十八、没有必要冒着当先知的风险

农民喜读历书。对他们来说,什么更美好?一天又一天,一月又一月,一季又一季,这都是他们计划的标记。对于来年,他们会提前知道一些事。首先是一些不变的事物,就是说太阳的降落与升起,这便是历书的骨架。一年是太阳完整的轮回。我记得,我看到猎户星座[1]经过的那一年,这一饰有腰带与长剑的大矩形,如今天这样转向西方。狮子座的轩辕十四星[2]恰好在我头上。一年过去,我再看它时,就像在表盘过了一小时的位置。星辰也标示小时,维吉尔的领航人会遵循大熊星座围绕北极星的运行轨迹,其运行轨迹同时指示小时与季节。在一年之间,大熊星座在午夜位置时开始轮回。当大熊星座接近顶端位置时,便是午夜的开始。大勺柄标志着季节,如乌鸦叫的季节,水仙花开的季节。它还可以标志年份。这并非是解释大熊星座在空中运转与鸟儿筑

---

1 猎户座(Orion),是赤道带星座之一,主体由参宿四和参宿七等4颗亮星组成的一个大四边形。
2 轩辕十四(Régulus, α Leo / 狮子座 α)为星官轩辕的第十四星,是狮子座最明亮的恒星(主星),也是全天空二十颗最明亮的恒星之一。

巢的关系的简单工作，而是需要从观察开始，我甚至说，从尊崇开始的工作。我相信，农田上的人们有些忘记观察星象了，星象会告诉人们最简洁的规律。古人已经知道大角星[1]，将其命名为"牧夫座"（Bouvier），它在春耕时节的晚间出现，在寒冷和雨季临近时便消失。这一农民的科学被渐渐忘却。劳作的人读报纸，城市印刷历书，占据了天空中的月份，为我们描绘了无色彩的网格，以及根据商业与贸易期限制定的星期和礼拜日。幸运的是，人们还庆祝圣诞节和复活节，棕枝主日[2]还被刻记在树木上。组织城市历书的是另一种历书。在我梦想的历书中，在铰链上翻过一年，同时是打开了未来的大门，打开了希望。人们更接近于诗人，如果他们不断地把劳作与大宇宙连接起来，会变得更慷慨。

把星辰的轨迹和太阳的升起、沉落、空中高悬的星体运行连接起来，再把月亮的周期联系起来，但不是通过干巴巴的数字，而是通过描述，想到满月相对于地球另一面的太阳。勾勒各个星球的轨迹，标示出这个星球预示着冷天的开始，另一个星球预示着叶子的萌芽。

我致力于一些预报天气的事，但总不确定。我总有大量的理由根据季节做总体预报。对于具体预报，我只描述可能性，如三月的阵雨，六月的风暴与冰雹，在表象活跃的年份适于迁徙。我把变化无常的天气与鸟的鸣叫联系起来，因为鸟鸣几乎与星辰一样有规律。没有必要

---

1 大角星（Arcturus, α Boo / 牧夫座 α）是牧夫座中最明亮的恒星。以肉眼观看大角星，它是橘黄色的，是全夜空第 3 亮的恒星。
2 棕枝主日（Rameaux），亦称棕树主日或基督苦难主日，是主复活日前的主日，标志着基督教圣周的开始。

冒着当先知的风险。

至于农田与花园的工作，历书中讲得足够了，这是最美之处。如果能在其中加入一些化学和医学的安全建议，历书就是一本好书了。

还有什么呢？有关一个地方的地理学，应当从土地结构谈起，描述其资源、河流、山岩、岩洞等。同时也要谈及农业与工业产品、交通和物价。最后，要具体评述人口与移民的动向。历史自然会解释未解之谜。我看到这本书具有很好的可读性，纸张精美，像《圣经》文本那样翔实。对于喜欢娱乐的朋友，阅读这本书便是美好的工作。

在等待这本书的时候，我想人们应该也为学校写一本历书，写在漂亮的笔记本上。这可以是词汇、拼写、计算、天文、物理、化学、自然史等各门课，甚至是掌握判断力本身可能的机会。例如，在更改夏令时的时候，鉴定其效果成为一时之需，我便提出一个作文题目：《火车站长在4月12至13日子夜的烦恼》。我还想到，需要计算距离来年圣诞节和复活节的天数，常规便是如此，需要有思考的连续性。如果能在墙上标出影子在不同季节中的变化，人们会发现科学重新成为一种生命力旺盛的植物，在每扇门上留下美好的影子。

四十九、阅读散文可使人变得温柔

许多儿童都在同拼写困难做斗争，家长们对此颇感惊奇，教师有时则想到拼写不过是一个过渡方式。关于语法，需提请人们注意，高乃依、塞维涅[1]、博须埃[2]所写的语音，经常依自己的性格和一时的兴致而为。有时人们会读到某个固执的改革者的一些文章，他会故意把一些词写错。应当像音乐课上唱歌那样高声朗读这些新作。

有时你会看到某个衣着整齐、举止比较大方的人，嘟嘟囔囔地读一份报纸，就像神父读经书一样。神父的作为由戒律所约束，他不得不这样做还有一定道理。而这个读报的人却是一个平庸的阅读者，肯定没有文化，嘟嘟囔囔地读报这些标志就说明一切。真正会读书的人是用眼睛读，而不是用嘴读。他就像海岸瞭望员看到烟囱就能认识船只那样，根据外形就能认识词汇。如果你把"哲学"一词写错，就像拆掉了两只烟囱的船，我就认不清了。时间流逝，因为注意力并没用在相关联的一系列词汇的意义上，而是在一个个单词上。这个缓慢的人在每个词上停顿，思想不在词上，而在句子里。拼写的疏忽相当于在吟诗、辩论或会谈的时刻，阅读者更注意的是词汇的发音而不是其形式。拼写适合于写散文的时刻。

阅读散文可使人变得温柔。情况是这样：那些用眼阅读的人自然也会拼写，他认识我刚刚写的词，就像认识一件物体。通过这样沉思中的认识，写出的东西便在外部，并有距离，人们便可以对其进行评价。但那个还在对其阅读的词汇发音，把词形转变为喊叫的人，首先

---

1 塞维涅夫人（Madame de Sévigné，1626年2月5日—1696年4月17日），法国书信作家。其尺牍生动、风趣，反映了路易十四时代法国的社会风貌，被奉为法国文学的瑰宝。

2 雅克 – 贝尼涅·博须埃（Jacques-Bénigne Bossuet，1627年9月27日—1704年4月12日），又译为波舒哀、博絮埃，生于法国第戎，法国主教、神学家，以讲道及演说闻名，被认为是法国史上最伟大的演说家。

应当读懂写的东西，并转变自己的行为，把他听到的各种叫声转变为外部信号，由他自己来听。人们可能猜想，那个边读边说的人过于自信，在外部思想之前不能保持作为观众者的安静。我说，在这个意义上，印刷品可以作为见证，可以见证不好的阅读者，见证根据印刷品费力阅读的人，因此他可以思考对他提出的简单建议。我说，是他自己的思考，这并不过分，因为他的嘴、他的喉咙、他的肺、他的胃，根据他的心脏的反应，也都依据印刷品工作。这对于读报也十分重要。

因此，我们需要带领儿童不出声地阅读。我相信，人们丝毫没有想到这一点。人们所说的流利阅读根本不是流利阅读，因为儿童在大声阅读。惯常的听写把书写的问题带到发音的练习之中，儿童一边听，一边模仿闭口音，再写出来，时不时会有一些由于简短或不连贯的发音而引起的令人发笑的错误。为此，我提议做一种练习，在书写之前先由儿童自己高声地分别发出听写的声音。我相信，这样改变后的方法会消除许多错误，但这个方法仍不完善，它总是训练儿童说出要写的东西。也许需要超越它，不能停留于此。

因此，我喜欢无声的听写，在恰当的时间闪现词汇和完整的句子，然后使之消失，使它们留作记忆，就像复制一幅留在脑海里的图画。之后，简单的复写就是一个很好的练习。这样就可以达到无隔阂、无激情的阅读境界。

我听人说，我的学生这样做很可能不会正确发音。我在古老的朗诵练习中，就像演说者的器官练习那样，采用眼与手并用的方法。但我小心地选择阅读的文本都是美好的名著，因为这些著作既约束激情，又唤醒激情。另外，在审查之前，相信这些著作都适合儿童阅读，因此这种言语之后的信任有助于提高文化素养。

五十、一个缺乏教养的人往往表现得过分尊崇他人

  拼写既是尊重也是一种礼貌。在这里需要战胜的是稀奇古怪，也可以说是引人注意又迷惑人的东西，表面上许诺多多，实际上一毛不拔。比如一顶帽子，或齐腰的大胡子，对我们来说，它们本身没有意义。鬼脸可引起好奇，但没有任何益处。这就是为什么说，首先是自然平静的面孔，没有静，也就没有音乐。同样，时髦的服装有其道理，否则无人注意。相反，一个戴尖帽或蓄长发的怪人因其标记不被认可，他一讲话，就像是尖帽子。著名的半面剔须的传道者，不会被听，只会被看，他本人相对于他的演讲，因其标记而被感到怪异。这个无用的符号因此会在人们之间引起恐慌和骚乱。厚颜无耻与腼腆胆怯相对峙，这便是一个纠结的人。因此应当习惯于顺应实际，行礼要实际，讲话而不是喊叫，书写要符合拼写规则。人们讲拼写很难，但舞蹈与礼节同样很难。只要懂得这些便有大的益处，而在实际中学习便已经有大益处。

  在一个纯朴的写作者身上，我发现即席演讲被中止，然后又继续，但毫不担忧辩论口才，因为没有任何听讲者。演讲的连续性依赖于身体的特点，甚至是姿态，也就是某种尖叫。书写经常演变成匆忙与野蛮，还不涉及讲话，总是把说的词汇混淆为写的词汇。拼写课教师非常清

楚这类错误源自于一种轻视态度，源自于自己对自己的讲话。为此，我建议让儿童练习高声讲话，同时与写作区分开来。

一个缺乏教养的人往往表现得过分尊崇他人，甚至向椅子致礼，人们还看到一些毫无拼写知识的人特别注重礼节。因为怕忘记一些事，他们总是过分地使用词汇，就像缺乏个人风格的女裁缝，在服装上到处打结和添加饰带。他的字母是双重的，他的"Y"和"PH"等字母就像悬挂的大旗和小旗，这是一种张扬的姿态。语法学家比较看好简化语言的惰性，把语言变成单音节发音。但他们不应忘记用以修饰、补充和叠加的表达。情感可以宣泄，激情可以奔放。我的祖父总提到"综合技术学校[1]"。一个女人对此极为不屑，一天写出这样一个词——"虚伪"。在那里，不仅毫无敬佩之心，我还同时发现咬牙切齿的前置音和喉咙中愤怒的效果。首先需要克制放纵。拼写规则走得比我们相信的更远。节奏和韵律两者综合，也许是语言内部的唯一规则。

五十一、简单的看法有时却是最重要的思想

一位年轻教师昨天对我说："已经没有时间教我学生他们应当知道的东西。如果您每周只给我们20小时的教学时间，每天3小时变成2小时，我们怎么办？"

我看不到任何真正困难。这是吞噬时间的课。我猜想，您是教授

---

[1] 综合技术学校（École Polytechnique），法国著名的工程师学校，建于1794年。

历史课的，我听您这样说的。您需要向学生叙述所有历史事件，您想到这就够了。一个行政上的偏见误导着教师的工作。我承认，他们在努力工作，他们曾是很好的学生。但学生们习惯于什么都不做，我想把这个小小的世界翻转一下。即使教师以他的方式工作，他读论文和理论，根据自己的喜好思考大规律和小缘由，我都认可。但学生首先应当知道全无遮蔽的事件，从他们的课本中学习，背诵课文，这便是新课。然而，需要有时间去提问全部问题吗？不去探讨异议，也不去追问方法。我记得有一段时间，辅导教师还不具有教师身份。在上课之前的时间，他们对着象征学生的椅子点名，这样似乎可以减轻工作的紧张情绪。学生背诵，他们随之对照课本查验。他们没有必要像历史学家对待职业那样保证学生不混淆历史时期。他们给学生打分。教师首先看他们给学生的分数，然后不慌不忙地提出一些精心选择的问题。此时此刻，根据对历史知识的掌握，不同回答显示出不同水平，显示出有经验的人、有知识的人、有教养的人。一刻钟的即席回答，如果知晓原则，可以解释20年，甚至整整一个世纪的历史进程。

在我看来，不要到处是潦草记录的历史课笔记本，而是要求每个学生写出最漂亮的字，如果愿意的话，可以用彩色墨水来写出历史年代，并用等同的间距标出时间，一点一点地填入事件和人物生平。这种工作易于评价，一件工作唤起另一件工作，因为漂亮笔记本的空白部分可以为口才辩论留有空间。我还有理由相信，这种类型的工作也像是一种钢笔画，要求整个身心聚精会神地投入这种写作，课程因此而有用。此外，当把涉及人类过去最重要的思想的事件、年代和著作做一比较，每个人就会很好地把握历史年代。在填写内容最少的时期，仅仅是年份的继续，也能说明一些事情。可以看出在这些无荣耀的年份，人们依然生活着，爱着，生产着，交易着，这种简单的看法却是最重要的思想。这并非我在这里发现的重大秘密，人们会看到，在所有类型的教学中，是多么容易延迟学习时间，多么容易地命名最主要的工作，命名最长的和最有用的工作。我知道，开始时需要有效的惩罚。学生习惯于边听边学，至少他们相信自己是在学习。他们的家长，当听过两、三次大学者不看一个字而夸夸其谈一个小时后，他们同样相信增长了自己的文化。留声机和电影放映机是一对兄弟。

五十二、道德无处不在

一个年轻教师说，"讲授道德并不容易。所有思想都犹豫不定，都相互对立。各种学说也都相互争论。对这些学说思考了 30 年的人仍在怀疑，我怎样才能教给青年们确定可靠的原理呢？"

老教师说，"我把课划分为三点。当我是青年时，当我喉咙发火时，当小伙子们把双臂支在桌子上双眼盯着看我的时候，我被书本所迷惑，我还不知道这种注意使人变蠢。但职业把我带回来。正如阅读和书写指明何为最重要的，也正如需要时间，我终于一点一点地减少了口才的练习，我的喉咙与肺才感觉好了。孩子们读历史，抄训诫，而我有机会去发现不少事情。首先，什么也没有比 6 法郎的笔记本和圆体字的题目更能使人热爱学习，同时，也许是更隐蔽的，就是书写的动作要求真正的注意力，要求精细的肌肉运动，熟悉的运动，就像书写在循环，思想再现又相互印证。此外，再试图交臂思考一下，没有谁不能这样。在空气中想象书写的人，仿佛也在用手写，他继续保持这样封闭的姿态，不会走错路，但只有真正的书写才能有助于更好地思想。"

当人们运用其思想，年轻教师继续说，"真的，不是在写的时候更新思想。"

老教师又说，"对成年人是好的，对儿童这种轻率不定的年龄更好。您猜我是如何将道德课和书写课放到一起的。在这上面，我还有一些小小的发现，主要的发现是对不变的课文的思考比关注无休止的评论更有益。如果不是发现这些词汇总是可以消除奇怪思想的迷雾或尘埃，我还看不到更多的理由，能够用同样的方法减少思想迷雾。不是用另外的词汇解释这些词汇，而是拍去另外地毯上的尘土。因此，有必要帮助他们，我不止一次地让他们抄写我收集到的最美好的、最完满的、最简洁的格言，并将其作为书写的范本。"

年轻教师说，"想起《思想录》[1]中的格言，说得也许并不这样坏。"

老教师说，"我相信这一点，而凭经验，我最终生活在道德之中，就是说，道德无处不在。因为每个人对周边的人都要体现道德，甚至一丝头发都不能错过。雅克评价皮埃尔，皮埃尔评价雅克，两个人都没错。正如爱嫉妒者评价爱打扮的人，猜测所有其狡猾与混乱的思想。也正如爱打扮的人猜测爱嫉妒者的所有癖好、自负和滑稽可笑。还比如，受惠者揣摩施恩者的意图，施恩者也试图重新认识受惠者。您说

---

[1] 《思想录》（*Pensées*）是法国哲学家、数学家布莱兹·帕斯卡尔（Blaise Pascal, 1623年6月19日—1662年8月19日）为基督教辩护的一本书，但书名是在他死后由别人所加。

是为了从仰慕中解脱，您没有看到他们非常清楚他们所仰慕的一切，他们能不仰慕吗？我更想说，他们渴望被仰慕，但他们只是难以被仰慕。再比如一个黄金称重者没有侵吞之心，一个合金金属检测员，对你说像种子一样的黄金与黄铜的质量。因此，所有男人和所有女人，从生到死，如果从不欺骗，都是道德的教师。仅仅发现一个人做到这样，他便意识到纠正自己被邻居责备的行为。剩余的便是每个人身边的小事。因此，我把书写的范本简化为这种类型的两个或三个格言，你可以讲给你的邻居，去做吧！"

五十三、人的灵魂在作文中表现

"《云雀》[1]，漂亮的主题"，督学这样说。督学是个温和的人，他在青年时出版过一本诗集，题目是"象牙拨子"，或是"银弦"，或是"九孔长笛"，谁也说不准。但他没有忘记，他微笑着谈起青年时的志向，没有伤感。然而，教师忙于自己的事。一个月以来，孩子们都在看"云雀先生"和"云雀夫人"，他们总是有事要说，但他们的老师却有一些关于书写技巧的确定想法。他担心在这样的公共场所，儿童有丰富的感知和贫乏的语言。这关系到在黑板上写字，词与词之间的选择应当有序，包括所有关于快乐的微小差异，所有关于玫瑰色的微小差异，所有关于蓝色的微小差异，所有关于歌唱、韵律、音调、

---

1 《云雀》（*Pinson*），应是一部文学作品，但作者及出版年代不详。

变奏、尖音、亮音的微小差异，各种行走的方式，如跑步、疾走、跳跃、蹦跳。督学看起来有些不耐烦，他在年轻时可不是这样写的，他从一个词到另一个词，从一个方向朝着另一个方向。他说，"如果我已经看清了课表，今天不是做词汇练习，而是法语作文。不要把两者混同起来。"

可是，所有都在书中。云雀先生首先被这样描写：深灰色的喙，蓝色的冠毛，橙红色的前胸，以及翅膀的白色标志。他的步伐先是有些偏左，然后平衡，因为云雀不会跳跃。相反，它旋转着飞行，可以在空中急转、跳跃、俯冲、上腾、玩耍，还可以穿着礼服贴路面巡游。现在则是栖息不动，嘴张开，腮鼓起，开始它的春之歌。这不是长时间的笑声，而是一个短短的前奏，接着是旋律一致加快的吟唱，最后由一个简短的变调结束。这是音乐的语言，但声调喷薄有力，充满生活的快乐。所有这些都被一丝不苟地描写。他们有时对词汇表现出犹豫，但十分清楚，他们都对现实事物有所了解。所有人，除了督学，都具有诗人般的思想。督学找不到机会说出恰当的词，他只是发现："这是法语作文，而不是观察练习。不要把两者混同起来。"

教师说，"但是，他们还不到什么都没看就能写的年龄，他们还是孩子。"然而，他们现在继续听云雀夫人的讲话，诗人们还不太认识这个人。这是一个装扮简单朴素的小妇人，她身着略带黄褐色的灰衣服，在头与身体的羽毛之间有一道明亮的条纹，人们说她是戴着扁发带的女学生。她比云雀先生更为警觉地行走与跑步，但飞起来却没有云雀先生那么有力。没有谁比翅膀上还没有白色标志的小云雀更认识这一点。没有人能知道她是否会唱歌，唱得如何。

督学说，"当然，这是一节优良的自然史课，但我看来，法语作文完全是另一码事。这是一种想象的游戏，更自由，更依赖于个人的兴致，然而也是通过经验和兴趣进行的另一种训练。其中应当显现的是每个人的特性，而不是事物的特性，因为作者的灵魂，即人的灵魂在法语作文中表现。相信我，我们的感受，我们的快乐，我们的希望，我们的春天，是鸟的歌声唤醒了我们的快乐与记忆，这些比云雀的颜色更有趣。"

这段即兴讲话使他很高兴，他想离开，但真正的讲演发生在这个人身上，对他的严肃职业传授了苦涩的真理。他自言自语地说，"如果这些可怜的人根据真实事物而不是礼节来编撰他们的讲话，我们将走到何种地步？"然而，他把近视的眼光放在路上飞的云雀，忘记的韵脚又重现在他心中。可是这不是云雀而只是一只麻雀。它能给诗人带去什么呢？

五十四、模仿是创新的唯一方法

创新，只有一个方法，就是模仿。思想的好方法也只有一种，就是传承先前的思想并予以验证。这一想法便是典型本身，是有利于思考的态势。因为它首先完全是普普通通的，十分确定，并只对于那些经常习惯于在后面看他的人，它才是真正熟悉的。如果人们重新走一遍这条通向神秘思想的路，这条把偶像引向神秘的古老之路，就可能会懂得一切思想，懂得所有人如何连续地在同一思想之中，直至触摸到并最终解释由岩石、金属、空气构成的无感觉的世界。

相反的思想自然会提供相反的验证，那些毫无人文教养的人都熟悉这种相反验证，对新的行为随即表态。而另外的一些思想，乍一看光彩照人，但细究起来，便是虚弱而空洞。我认识一些具有这类思想的教育学家，教师们都不知道如何摆脱他们。因为教育家们特别说起，儿童的特性比任何东西都宝贵，需要保留儿童的思想，而不是相反，任凭他在空白纸页之前想象，以致可以不依靠教师本能地写作，并说这样他们很可能成为傻子。然而，任由他所写的，恰好是一个公共地点，正如这个曾经描述古塔的小学生。当他一眼看到那座颜色比周边建筑明显有问题的古塔时，根本不会忘记使用"被时光染黑的石头"的词句。从中可以看到，人们观察时不能没有思想，或换句话说，表达的方式必定会凌驾于观点之上。

再回到我想到的地方，就是需要帮助儿童，指导与带领他们，使他们最终走出自己的思想，尽管这些思想像荷马诗歌那样稀有而宝贵。只是做一些带领年轻作者去探讨的尝试，写一封信、一个故事、一段描述，让他们不止一次地观察应当描写的事物，让他们阅读，再阅读，重复对同一物体描写的好样板，让他们清点将要用到的词汇，并划分成类。您会看到新的标志，感知的细微表达，最初的风格特点。越是得到您的帮助，他们就越有创新。学习的艺术因此可以归结为长时间的模仿和长时间的复制，正如最初级的音乐家和最初级的画家所做的那样。写作为会观察的人提供了这一真理，因为未受良好教育者的写作大体相似，如果有差异，也是荒诞的或偶然的。相反，有教养之人的写作由于更好地服从于共同的样板，因而更是他所独有的。

五十五、一个杰出的智者毫无嫉妒的动机

年轻的维克多在短短的几天中显示出气愤、暴戾和懒惰，佩居谢[1]右边的布瓦尔开始了道德课，他手下有几条笔记。福楼拜[2]的友人们可以去找到准确的文本并度过美好的时光。但我担心福楼拜的讽刺作品缺少目标。一个科学院院士谈起布瓦尔和佩居谢时说，"这两个傻瓜，我对他们不感兴趣。"这个对生命没有强烈感受的人并没有很好地读过这本书。要看清楚，佩居谢并不是傻瓜。当他阐述斯宾诺莎的思想体系时，就做得很不错。也许他的道德课与其他的道德课并无太大差别。正如人们所说，那些从未做过讲座，也未讲过课的人会嘲笑佩居谢。我请那些人嘲笑他们自己。

雄辩术的目的在于唤醒共同的思想，把这些思想提高到强大、精彩、有效的级别，在那里毫不孤立。唤起一个听众之所想，让他厘清其所想，阐明其热情之火，这是说服，不是教育。认识到浪费时间是一件困难的事，但当看到几十个孩子的目光在自己身上，人们一般会结束其讲话。一动不动地关注总是迷惑人，它不过是在变戏法的人面前的热情期待。无休止、无悬念的讲话这种冒险的训练，总是引来惊奇，有时是钦佩。我不相信，一个讲得好的人总能真正按照他所讲的

---

1 布瓦尔（Bouvard）、佩居谢（Pécuchet）是法国作家福楼拜未完成小说《布瓦尔和佩居谢》（*Bouvard et Pécuchet*）中的人物。

2 古斯塔夫·福楼拜（Gustave Flaubert，1821年12月12日—1880年5月8日），法国现实主义作家，代表作有《包法利夫人》(*Madame Bovary*)，《情感教育》(*L'Éducation Sentimentale*)。

思想行事。句法与发音法的小问题已经使人足够忙碌。他贫困得一无所有，他在形式的沙漠中前行。他在人的面孔中寻找迫切需求的关注，如果他能保持这种关注，也不过是一种满足，而这种满足也并不太好。这不是施舍的富人，仅仅是伸手的穷人。我相信，像一个杰出教师这样的智者，毫无嫉妒的动机，他会这样说："他说得太多。"

我尊重学生——如果我可以说——从思想中产生的静止的注意和近乎焦虑的空洞之中形成的思想。每个人都有一些虚假注意的记忆，这种注意近乎狂热，并束缚思想。但这种束缚不值一提。一个咬紧牙关的人是在笨拙地做事，做之前便已疲惫不堪。思想者也是这样纠结。需要放松以便捕捉思想，这是一种用眼角观察的注意。狡猾与微笑！放松，再放松！

很好。如果您让听众自由奔走，特别是让年轻而富有活力的听众自由奔走，他们就什么也学不到。但我看到另外一种放松的方法，是一种熟悉的行为。阅读，再阅读，背诵，认真写，一点不要快，但要注意学习刻版工，在笔记本上刻好漂亮的标记，抄写出完整的、平衡的、漂亮的公式，这才是快乐、轻松的工作，才是为思想建造巢窠。书写也是一种操练，可以看到形式与踪迹，这是文化的标记，首先是文化的条件。当那些即将服务于你们的词汇在阅读中，在抄写时，还不够熟悉，要毫不犹豫地说出来。而你们，作为善讲者，要写而不是说。黑板不仅对于几何学是好的，对你们也都是严峻的考验。我看到你们不仅匆匆忙忙，还被紧紧束缚。要用大写体来写，就像你们在大理石上刻写。这样，你们的思想，对于你们和对于所有人，便成为一种对象。

当他们抄写时，便采取一种需要了解你们的态度。事实上，小男孩在划杠杠时，就已开始了他成人般的写作。

五十六、愿望的意义高于软弱和怠倦的好奇

在音乐会上学不来音乐，这不是说因为缺乏兴趣，而是说兴趣并非一切。我甚至要说，使我们着迷的东西，绝不会教会我们什么。阿尔赛斯特[1]发自内心地要理解塞丽曼娜，但或是他原谅，他崇拜，或是他气愤，他总是走在错误的道路上。笛卡尔勇敢地说，对真实的热爱是使人胡说八道的基本原因。当思想足以凌驾于要捕捉，但并不去捕捉的物体时，才体现出力量。我们看到，音乐大师并不比他人更有趣，甚至可以说，他比其他任何人都令人讨厌。在我看来，这是音乐比诗歌更好教的标志。可以这样想象，小提琴教师试图让人感动，随即做出一个优美的操弓姿势，但这个给人好感的努力却变成吱嘎吱嘎的噪音。这是一种相当粗暴的现实，教学场所首先要把最初的热爱分离出去。当然是这种爱把我们带到教室门口，但也要把它留在门口。人们不能在成为几何学家之前享有几何学的乐趣。因此，在我们所有的欲望中，有一种完全意义上的词：虚荣心。我们首先捕捉到荣誉，毫不坚实的东西，而我们在全部工作结束时收获的却是失望。当我们在学习的沙漠中前行，我们获得了力量，它使我们屹立于所有荣誉之上，

---

1 阿尔赛斯特（Alceste）和塞丽曼娜（Célimène）是法国作家莫里哀《愤世嫉俗》（*Le Misanthrope*）中的主要人物。

这才是真正的荣誉。我在真正的小提琴家，或真正的歌唱家身上，捕捉到这种荣誉，因为他们身上最少吱嘎吱嘎的，或颤颤巍巍的虚荣心。

我还是回到拼写、计算和阅读，因为这才是我关注的目标。问题在开始时便已出现，这就是要求儿童对这些自身毫无兴趣的目标感兴趣。字母不会使任何人感兴趣，使人感兴趣的是阅读。5加2等于7，也不会使任何人感兴趣，而是依诺迪[1]使人感兴趣。在懒人的烦恼里，懒人总是期待快乐像魔术那样降临在他身上。

我们现在来看两种经验，一是关于字母的，一是关于数字的。我给你们一页印有字母的纸张，你们把所有 a 划掉。您马上会想到，这没有任何意义。我要小心地抹去这种不正确的思想，我给你们刚好 60 秒来做这件事。注意了，60 秒，不能拒绝，也不能原谅慌张，更不允许在这样简单的事情上出现小小的错误。从这个幸运的羞辱中，你们获得了自信，你们发现一切依赖于自己。这样的困境显得特别阳刚气。我们只能通过不可原谅的错误教训自己。

小的数字令人心烦，大的数字使人感到压力。这是一个对小数字感兴趣的方法。人们轻易地把 5 加到 7 上。我给你们两个数字一组的长竖式，你们把两个数字之和写在另一个竖式里。我给你们正好 30 秒，结束时我挑选出没有错误或基本没错误的优秀试卷。这里的每个人都自己检查是否有错。所有试卷都标记上完成的速度和错误数，所有试误也都显示出无用的小心。每个人都有一些稳步前进的想法，静静思考，无胆怯，无奢望，无自大。于是，他自己获得了这样的思想。我

---

[1] 吉奥科默·依诺迪（Giacomo Inaudi, 1867 年 10 月 13 日—1950 年 11 月 10 日）意大利数学家，长期居住法国。

不企望人们会通过这样简单的实践获取很多教益，我只是想证明，愿望的意义高于软弱和怠倦的好奇。

五十七、他不因你的完美而完美，而是因自身完美而完美

人们总是急于决定事物性质的好或坏，而教育也不能改变这种状况。我承认，教育不会把红色变成褐色，也不能阻止他的头发变得卷曲。我也承认，这些标记不能一点不显示。染成金色或黑色的头发、黄眼睛、优雅的风度、不结实的肌肉，一个生命的全部在这里被写成一个意思。所有行为、所有激情、所有思想都有这种阴郁的颜色。而他说的和他想的其他事物将是玫瑰色、红色或蓝色。微小的姿态体现出这种或那种性质。但这个需要热爱，金黄色或褐色，多血质的或胆汁质的，这些属于人类，强大而自由。存在是什么？没有人能够依靠邻居的行善来生存或行动。

希望人能生而善良，这是一种幻想。我非常希望，有人能为我描述这样一种人，根据其性格和眼睛的颜色，就肯定能抵制爱情的疯狂，或控制住欲望，或消除失望。相反，那些被称为有天分的人经常遭遇厄运，如果他们不能自制的话，厄运甚至比其他人来得更快。无论人的体质如何，任何激情都可能产生，任何错误都可能出现，如果不注意的话，两种情况会相互叠加，此类事例屡见不鲜。当然，没有可模仿的、单一的生活方式，每个人都有自己的运气。地球上的人，有同

样多的方式成为恶人或不幸的人。但每个人也都有机会获得救赎，虽与他人有同样的肤色，有同样的毛发，但却是属于自己的机会。他勇敢善良，凭自己的双手和双眼，显示出智慧。但不是凭你的手，也不是凭你的眼睛。他不因你的完美而完美，而是因自身完美而完美。他也不能影响你的善，但丑恶与偏见可能影响他，善良也可能影响他。人们不是经常不是没有理由地说，一个人丧失了优秀品质，是因为他没有操练这些品质吗？

  斯宾诺莎是一个苛刻的教师。然而，我不能理解其内心深处，也许需要拒绝承认，在其内心深处，用近乎过分的概念来表示，善是英雄般的自爱。任何人不能依赖他人的完美来自救，他应当在事实中发现其自身错误，在义愤中发现自己的气愤，在慷慨中发现自己的雄心。同一只手，可以去打人，也可以去助人；同一颗心，可以去恨，也可以去爱。常听到有人对叛逆的孩子说，"能不能像你姐姐那样乖？"对于这个有褐色头发的瘦女孩，也可以要求她像姐姐那样有金黄色头发和胖胖的身体。我甚至可以说，美丽属于每个个体，由此而来的和谐也是独一的，因为根本没有美丽的公式。我经常看到，按照通常的美的概念，一些特征是美的，但很容易因为胆怯、欲望和凶恶而变得丑陋。人们还可以说，丑陋可以在容易认为美丽的特征中更为显露，固执与偏见对于精力旺盛的人和特别聪明的人刺激更大。而特别聪明的人屈从于享乐或谄媚时是什么样呢？那么一个能够懂得一点事情的人能说是笨人吗？他在这个理解的过程中，恰到好处。不是为了明天，而是为了明天做好今天的事。每个人都容易犯错误，而更容易犯错误的是那些自认为懂得很多的人。他们去哪里，这个人和那个人，都要用自己的两条腿，而不是别人的腿走路。

五十八、天才具有与所有人相似的好品质，但任何人与他都不相似

斯宾诺莎讲道，人根本不需要马的完美。苛刻的思想者所描述的这一看法，意味着所有人都不需要别人的完美。每个人将从中克服嫉妒的毛病，转变一味模仿的心态。因此要把道德的原则作为自身的品质，努力把这些品质坚持不懈地保持在自身。如果击剑者身材矮小，可以发挥其快速跳跃的优势。当人们试图模仿别人时，也许就是不满足于自身现状。人们也是为了他人而存在，如果他已有一些名气，其自身存在的理由至少是想被他人认可。他便从这里滑落到为他人而自我描饰。这便是虚荣。

这一怪癖意味着自我担忧，甚至是自我厌恶。在关于人的利己主义研究中，人们发现人很少自爱。一位作者说，为了虚无缥缈的激情而自我牺牲，是多么荒谬！因此需要去认识自己，找回自己。但困难来自于自我思想的普遍概念，这个普遍概念就是思想本身。一个对于所有人都有效的证明，但唯独不是对我有效。在这里，他走上了一条想要成为他人的歧途。他追逐一种思潮并以此为时髦。他向邻居学习，甚至对彬彬有礼的邻居的冷峻性格也要学习，但这种性格在虚假的舆论中不被看作开化。人们发现，在虚假的激情中，在不完全确定的判断中，容易存在暴力。需要像所有人那样克制自己。巴尔扎克写出这

样惊人的思想:"天才具有与所有人相似的好品质,但任何人与他都不相似。"毫无疑问,天才得以证明,不是光彩照人,却是令人信服的。因为支持我的,帮助我的,是具有强烈自我感的人。

如同笛卡尔、斯宾诺莎、歌德、司汤达那样善于防卫与躲避,理解我所命名的鳄鱼本性的困难从哪里来?这不过是一个非常久远的误会,为经院哲学所独有,它使我们追求普世概念。一个学派的科学试图通过一种思想把握诸多事物,那些误入此路的人难以从这里走出。当他们捕捉到热等多种现象,并以能量这样共同的思想工作,他们是多么相信已经走到了尽头。事实上,他们仅仅是开始。甚至是斯宾诺莎,他在他的告诫中总是那么强势与深不可测。他告诉我们,越是认识特殊事物,越是能认识上帝。具有思想并非是了不起的事情,一切在于实践,就是说由思想而思考最新的差异。因此,对于斯宾诺莎,思想不过是工具或方法,一切都是新的,一切都是美好的。

再回到自我思想之路,我说需要普遍的自我思想。普遍不是概指,而是单一的、不可模仿的,是自我拯救。伟大人物只是关注于战胜其自身的困难,那些隐藏在其性格之中的困难。仅仅缘于此,他们得以自救。我需要挽救一些完全是动物性的热爱、憎恨、欲望的方式,它们像我的眼睛颜色那样紧紧贴附着我。我要拯救它们,而不是将其杀死。在最不慷慨的吝啬之中,也有一个秩序思想,这是普遍性的,有对劳动的尊重,这也是普遍性的,有对浪费时间和挥霍财物的憎恨,这更是普遍性的。如果吝啬者敢于作为他们自己,正是这些思想,因为正是这些思想拯救了吝啬者,他们知道这些是应当做的。同样需要说起抱负,如果真有抱负的话,他需要得到应得的赞赏,成为一个自由的人，一个与众不同的人，一个坚持不懈的人。爱，通过更好地爱其所爱而获得自救。笛卡尔在谈到爱时说道，没有不能良好运用的激情。我承认，他没有对此做很好解释，但每个人都可以在对自身的认识中实践这一坚定的乐观主义。追循笛卡尔，但绝不是想类似于笛卡尔。不，我还是我，正如他还是他。

五十九、当儿童懂一些事，自己便会做出一些令人赞赏的行为

我不止一次地听人说，他在初等教育工作中，很聪明地满足于阅读和计算教学。我的理由之一是，自然科学是由经验中的小片段构成，不过是给人以职业的经验主义，因此需要从人类最早知道的科学开始，那里有认识所有其他事物的钥匙。但是，人们对于这个方法产生了一种面临真正困难的思想，即至今难以实践的问题。我想提供真正经历过的经验体验。这是在战前某些时间，人们感觉最先进的人民享有极其丰富的娱乐与财富，这曾是真实的。人们想到，有时间人为地处置这些储备，限制那些经久耐用的东西。然而，繁荣的结果，即闲散与烦恼提前而至。

在那些时间，我把十来个小女孩和她们的家长召集到一起，教她们关于机械学和天文学的最基础知识，但不是要求她们正确回答一些测试问题，而是让她们充分地闲聊彗星和双星。我不做任何表态，也不讲任何技术词汇。我想带领她们用智慧去观察天空的事物，我差不

多达到了目的。在她们学习之际，我也在学习，事物对于所有人的思考都是有益的。

当从闲言碎语中解脱出来，当小学生能够经受斥骂与嘲讽时，我们便可以发现她们像蠢人或傻子那样说起许多事情，因为她们要为其他人用一个词。于是，应当经常仔细检查最简单的概念，换言之，老师看到的困难几乎从未在学生那里出现。我可以证实，其中一个小女孩确实在注意听讲又有天分，却想要在太阳一侧出现一条木棍的影子。但那时我们的房间阳光照不进来，需要合上窗帘，用一只灯泡的试验来教育这个小姑娘。如果不是最后的野蛮人的话，这种试验的进展便很自然，其困难绝不是她自己嘲笑自己，而是让她的小伙伴不要嘲笑她。

现在，我想说说什么是基本困难，这就是避免喧闹与纷乱。当儿童懂一些事，他便会做出一些令人赞赏的行为。如果他解除了对人的恐惧与敬重，你们就会看到他从思想到姿态都运作起来，就像在好玩的游戏中，突然发自内心地大笑。相反，如果儿童不懂，你们会看到他严肃、伤心、一动不动、一言不发，显示出我们的教育学家称之为注意的全部标志。当他偶然有一个思想，应该让它有结果。学生通过老师的语句把思想抛出来，扰乱了其他人的思想，把所有人往后拖，或抬高被思想追逐的新对象，以致需要顺从公鸡到驴子的变化。令人尊敬的职业，对于教师也是奇妙的智力操练。是的，但不要忘记学生超过 10 个，老师与他们在一起。如果学生有 60 个，我独自面对他们，一手执着地球仪，另一只手擎起太阳模型，你们能想到一刻钟之前，我已经嗓子沙哑，神志不清了。教条主义和精神驯服开始发生。如果让共和国的科学进入我们的学校，就会看到情况会发生变化。

六十、让科学精神渗透到各处

需要让科学精神渗透到各处。我说的不是科学，而是科学精神，因为科学构建成一个巨大知识体，其最新的研究成果遍及光、电、粒子运动等领域，同时依赖复杂运算和完全不平常的实验。十分清楚的是，关于镭的研究还没有恰当地给年轻人少许启发，而他们只有一点点时间学习。

科学中最好的东西，便是最古老、最坚实地确立、为所有人在实践中最熟悉的东西。重大推论的一个错误是想通过物理学家最新辩论的概述来培养儿童。一些学者主张完全抛弃牛顿的引力论，以设想一个趋向中心的压力，行星由此压力被推向太阳，而不是太阳吸引行星。我需要大量阅读和长时间思考，以便确定那里是否有关于词汇争论的其他东西，但这些细微之处对于儿童并不合适。我希望儿童首先要学习的是辨别天空中的方向，确定主要星座的位置，跟踪太阳、月亮和最明显的行星在其中运行的轨迹。之后，我们从星球表面的运动过渡到真实的运动，但不进入这些星球运行方向的细节，只需要说地球在转动。其理由在于他们曾经艰难获得的知识，需要儿童重新走这条路。泰勒斯、毕达哥拉斯、阿基米德、哥白尼足以作为儿童的导师。但那些从事教学的人并不关心最新的发现，尽管他们的工作从未圆满，在人们向我们描述的关于镭和电子的所有方面，也确有现象的错误，推理的错误，以及判断的错误。为什么会有错误？在每个时期，在最伟大的物理学家身上都可以看到错误。让我们任凭时间流逝吧，任何事物都将通过它的筛选。

同样像电、电话、电报等最新的美好事物，有其各自的著名词汇，使受教育的人比无知的人更为惊讶。这样，人们就搭建了一张摇摇欲坠的思想之床，思想本身已经躺下，它告诉人们，人类对一切都毫无所知。然而，对于杠杆、滑轮、浮体，几乎通过格言，人类就能全都知道。富于营养的东西，不是酒精饮料，先使人兴奋，然后使人昏睡。精神则是健康的。

在冠军身边起跑是不合理的。每个人有其自身的任务。天才的冒险家需要到前面进行侦察，他特别要想到身后越来越多的大批军队。我们这个时代的农民事实上仍然远离索邦大学讲授的机械课，课中讲到一个西西里岛的奴隶可以是思考浮体的阿基米德式的思辨者。民主的首要义务是使大批落伍者重新归队。根据民主的理想，一个不能教导民众的精英，比领取薪水和票券的富人更不公正。我非常相信，这种为我们的机器付款而不是为观念付款的学者的不公正，是其他所有不公正的根源。因此，这就是为什么我在为儿童设置的科学课程中，将天文学融入简单机械的学习之中，比如杠杆、滑轮、斜面、角、钉、螺丝、螺旋。我这样做就是一定要启发人的思想，解除人们普遍认同的锁链，就是真正束缚思想的锁链。

六十一、积累经验便是学习的艺术

对人来说也有关于事物的课程。例如，在主要讲授经济学和道德的学校里，可以带领学生到煤矿参观，这比讲课有更好的教益。"真理联盟"是一个值得尊重的自由人协会，它为我们提供一个"社区文化学校"的方法。从这个初次的运动，每个人都可以去验证，但并非如此简单。

我讲过多次，在人们的所作所为之中，有一个规范思想的重大伦理。为什么？因为所有真实的行动都需要经过时间的检验，以便成为被人们熟悉的事物。但是观众的作用不是那么明显，需要更多的耐心，并经常有机会观看。如果予以充分注意，还需要经常乘火车以便认识铁路线的分叉与连接。我听说有人知道铁路道岔与主要轨道，但这仍是很少一部分事情。一个新的演出只涉及想象，这种无结果的惊奇如同人们经常使儿童惊奇一样无结果，如同要使儿童像伸舌头的狗那样注意。这就是为什么我不相信旅行可以给人以思想的原因，或者需要慢慢地出行，也不要什么都看。

我从眼镜里看月亮，没有什么不舒服。然而，太阳照射的山峰景象没有给我教益。因为有一个学习的顺序，很好地标志出路线，但我丝毫没有遵循，而是一颗星一颗星地漫游。尽管做这样多的观察，并使我逐渐真正地对带来的东西注意起来，但并未能够熟悉这些东西。同样说起恒星、太阳、行星，我都是远远地观看。动物性的好奇心促使我看它们好像变大、变近，但人性的好奇心却让我长时间地停留在最初的表象，以致使最简单的关系不被扰乱。著名的第谷·布拉赫[1]根本不想用眼镜，而是用定向尺和绷线。如果迦勒底[2]的牧师持有我们的高倍望远镜，就不必去学习主要的科学了。观察能力的发展快于解释的艺术并非好事。对于一个电话员，虽因其职业能够看到所有事情，但真是什么也不了解。工业实践，由于实用的原因，深深地隐藏了重要的东西。当人向我介绍全部齿轮时，总是把辅助的部件掩盖着核心的部件。

所以，明智的是先学习杠杆、吊车、钟表，而不是一上来就学习电子。经验不是一件小事情，积累经验便是学习的艺术。我不那么相信技术员的经验，那么一个参观者的经验意味着什么呢？思想形成于猜测，思想是在沟堑上架桥。工人的一只手体现了诸多劳动的标志，而真正的思考最终总是呈现出简化的图像，这种简化犹如绞车立即显现为杠杆和滑轮，而不是隐藏机械原理的真实机器。更为真实的经济机器的独特魔法，恰恰是阻止人们看到其运行机制。银行不允许非银行人士进入。兑现的问题便是更好的教益。

六十二、数学是观察者的最好学校

有时人们问我："实物课的目的是给儿童关于外部必然的最初认

---

1 第谷·布拉赫（Tycho-Brahé，1546年12月14日—1601年10月24日），丹麦天文学家兼占星术士和炼金术士。
2 迦勒底（Chaldéens），是一个古代地名，属巴比伦尼亚南部，即现今伊拉克南部及科威特。公元前625年至前539年，开始有部落进入该区居住，这些部落的住民就被称之为迦勒底人或新巴比伦人。

识,您如何理解它?"我这样回答,实物课应当是算术和几何。事实上,所有科学都是开始于几何学,我差不多知道这是为什么。实物可以通过数和量的场景教导我们。当儿童发现轮子的半径与圆周的关系,他就可以测量任何想测量的物体,可以自己通过小木桩和拉线在地面上,或通过圆规在纸上划出不同大小的圆形并进行测量。关于圆、角、弦的深入学习只是这一直接调查的后续学习,这一观察方法的完善根本不需要猜测,也不需要假设。在这里可以看到孔子的名言:"科学的目的在于认识物体,当物体已知,科学即完成。[1]"如果有人怀疑2+2=4,是因为他还不懂得 2、3、4;如果知道数胡桃、小拐骨、小木块,或纸上的点,很快就会懂得数的内涵,可以正着数和反着数,没有任何可以被隐藏的。所以我说,数学是观察者的最好学校,甚至是唯一的好学校。

在数字和图形之外,世界上没有任何东西可以迷惑我们,可以被矫正。星辰从东方升起,在西方落下,但它们真正的运动轨迹是从西到东。当看到太阳和月亮真实的运行轨迹,需要想到是纯粹的表象。看起来这两颗星在天空中走同一条路,需要想到一颗是地球的卫星,另一颗却是中心星,地球只是其卫星。对于更为复杂的科学,更加明显的是,表象不会教给我们任何东西。相反,这需要假设,需要猜测,需要证实假设。简单地说,要战胜无处不在的表象。科学史使我们看到,如果不能首先有几何学的准备,就不能战胜表象。在几何学和算术上,没有任何需要战胜的表象,也没有任何神秘的东西。当我把 5 加上 7,

---

[1] 此段话为直译,中文原文为:"致知在格物,物格而后知至。"——《礼记·大学》

就是12，运算完全是透明的，不需要经过任何我不知道的阶段。同样，如果把拉线围绕小木桩直至开始的位置，我可以得出任何度数的角。于是我们可以看到，正是这些知识才是天才和神明交付给我们最基础的知识。因为神明已变，现在我们应当抛弃数学是最难学的学科这样的偏见，相反，这是最容易、唯一适合儿童的学科。

六十三、对于真实的宝贵触摸，可以获得清晰的经验

小学生把他们红色和白色的小方块集中起来，组建从个位数到十位数，从十位数到百位数的几组数，10个百构成千，同时也用分米方块组建数字。这样，数字成为实物，形状可以验证计数。但时间在流逝。曾经讲过数学课的督学看到这些便说，"实际的方法有其好处，但最好应用在讲授事物的性质时，而不是在讲授数字的关系时，因为这是抽象的事物。计算的方法很简约，需要我们注意细节和真实个位数的组合。当你们做加法时，不要想几十、几百、几千，一切简化为简单的运算，只要把数字对齐就可以了。按常规对齐数字，可以放松思想。没有人在计算千数时想到上千个物体。同样，在代数转换中，人们会忘记数量，只会想到其关系。对于所有运算，我首先将目标设定在儿童进步快的和不会出错的内容方面。"

教师是一个在战争中成熟起来的质朴贤人，他面对督学描绘的教育图景时平静地说："如果您认为数学是一种实践，您有一百条理由。人们可以不加思考地计算，做代数。同样，我要把儿童置于谋生的状

态,像训练猴子那样训练他们。但我也会留一定时间来思考,因为时间很短,我来不及等到上物理课,在物理课中抓住思想很难。此外,如果从热或仅仅从压力开始思考,而不准备考虑更简单的关系,就可能培养出会思想的猴子,人们会看到有些过分。几何可以保全代数。但欧几里得[1]几何对于我的同胞太过沉重。至少我停止摆弄我的方木块,去思考数与形之间最简单的相关已很久了。这就是我的实物课,我总是想到这样学习数学是观察的最好学校,而现在更接近于认为这是唯一的好学校。因为看到水在沸腾,或结成冰,并看不到差异,仅仅是相信,而对所相信的东西并不了解,不像我的小方块,不会让摆弄的人出错。同样,我们可以从科学发展史中看到,这些关于数和形的知识是天才和神明最早交付给我们的。已经充分证明,这些知识是最容易学习,并适于儿童学习的知识。通过这样对于真实的宝贵触摸,人们可以获得清晰的经验,由此而造就人。"

他沉思片刻,然后说:"简约离实物太远,割裂了思想与事物的联系,我们在这个分裂的思想中看到奇怪的效果,甚至在受过教育的人身上也是这样。2的平方是4,2的立方是8,可以通过简约的方式来思考,但双面的平方绝对排斥其四倍的其他面,一个立方体必然包含8个相等的小立方体。这是自然规律,所有人都必须服从这些规律,物理学和化学也不例外,公约与便利的脆弱思想便被抹去。靠简约思想的人的通俗老调,无法与强大的理性相比拟。如果有人刚刚向他们说,一些新人避开了能量守恒的原理,您会看到他们并不反对。如果

---

[1] 欧几里得(Euclide,前325—前265年),古希腊数学家,被称为"几何学之父"。

人们告诉这些孩子，一个制成双面立方体的稀有材料具有9个小立方体，也许会有两三个孩子会笑话物理学家。然而，一个人总是需要进行验证，保持判断经验的精神力量。您想过战争主要源于判断的无力和机械思想吗？"

督学已经骑在机械论之上，他说："魔鬼根据铁律晃动双腿，战争已经结束，不要再说了。"他在执行审查官的职责，他要忘掉这些没有荣耀的记忆。

六十四、怀疑不是在知识之下，而是在知识之上

对于知识或能力，我们需要选择。不计其数的人想在屋顶架设天线，他们相信这样可以触及科学。但他们正在偏离方向。这是一次狩猎，把陷阱设在不见猎物踪迹的地方，但也算是狩猎。能力的好奇心，并非知识的好奇心。那些在巴黎听到牛津夜莺歌声的人，既不知道自然史，也不懂物理学。更糟糕的是，他厌恶学习，在极其容易地校准遥远音乐会的位置和极其困难地了解建造如此大面积的电容器和如此长度的线圈整个工程之间，存在极大的反差。如果确实想知道一点儿东西，也需要一个较长的迂回。为什么不能选择一种从手指到耳朵这样轻松的能力呢？当人知道选择时，借用这样一句名言，即应当选择知识造就能力。飞机在没有理论家的允许时起飞，技术员在嘲笑理论家，这样傲慢的蠢事在惊奇地蔓延。

有一天，某个蠢人说，如果不是高深的数学家，最好不要说能量，

因为能量属于积分的范畴，而积分的符号好比具有慑服力的游蛇。有趣的是，我遇到一位数学家，他建议我不要把积分同简约的事物那样去理解，虽然积分也是一种简约。需要理解的是，在这一工作的总和中称作"能"的概念，完全与我们的蠢人说的相反，而是要求排除简约，要经过长时间思考，以泰勒斯的方式，在最简单的情况下解析，其总和可以由四个规则轻松计算，就像由绞车高扬起的锻锤在桩头落下的情景。在锻锤的冲击中，可以找到由手柄操纵的工作总量，由长度所产生的力，也已经是一些能的东西。那么，什么是这个蠢人使我们偏离理解方向的原因呢？这是时髦的人，他以技术员的姿态讲话。著名的柏格森[1]的思想从不赶时髦，其思想成为时尚是运气使然，技术员的奉承者没有这样的运气。

根本不需要自我蒙蔽，而相反需要想到科学中的另一种进步，一种从未见到的进步，并将在所有人中传播一些真正的科学。让机器前行，机器正在前行，机器将要前行。但为了能够拯救机器制造者精神的另外一种进步，泰勒斯通过其在几何学和天文学的双重贡献，已经做得相当充分。因此我期待一个具有强大操纵能力的电气专家，根据太阳的运行和地球的形状来推测，在哪些地区的某些时间阳光能照射到井的深处。泰勒斯从南方开始此事，为其寻找新的事件，寻找没有他而发生的事件。经验能够改变人。在这些探寻中，人们认识自己的位置。为什么？因为他在漫无边际的客观事物面前，什么都不能改变，也不能操纵与改变夏至与冬至之点。他在沉思中改变自己，通过思考

---

[1] 亨利·柏格森（Henri Bergson，1859年10月18日—1941年1月4日），法国哲学家，1927年诺贝尔文学奖得主。

知其所知。由此，他解除了怀疑，而技术人员无论如何自我吹嘘，却不能解除怀疑。怀疑不是在知识之下，而是在知识之上。

六十五、几何学是一个美妙的世界

只有比综合技术学校的学生更高明的人才有可能把 13 与 12+1 混淆起来。12 有其相貌，1 也有其相貌，清楚的是，13 既不像其一，也不像另一。我把 1 加在 12 上，便转变为一个总和，如同增加这一个位数便使其他一切都发生变化。此外，谁只知道人们命名为 3、4、5 的个位数？当新兵在操场列队时便是这样，每个人都是平衡的独立体，具有不可模仿的面孔，人们相对而视。我假设，综合技术学校的学生在这里看到的只是新兵，但我也不能肯定，因为综合技术学校的学生本身已是大自然的杰作，他们有思想，只是在他们推理时，对思想有所警觉。正如人们所言，他们构建普遍思想，他们就像计算面包或炮弹那样计算人数。当然，一个面包已经是一个实体，但炮弹完全算不上实体，可能布满不属于自身的铁锈和偶然的标记，成为与机械相类似的东西。

数量在某种意义上说也是机械。我加上 1，再加上 1，会计的合并与分开如同机械师的链接与分离。他计算总和、产品、日产量，他对此不加思考。对此验证的是计算器在计算总和、产品、日产量，比会计计算得要好，不建立任何真正的数字，也不添加或划分由一个齿轮、一只铁棘爪、一个限位点、一颗螺丝产生的一个和另一个效果。

既然计算器可以这样做，一个推理的机器也可以这样做。代数便是这样一种推理的机器，你们转动手柄，就可以不费力地获得结果，而依靠思想获得这样的结果却要付出无限的辛苦。代数犹如一条隧道，您在山下通过，而不必经过村庄和弯路。您到达山的另一侧，但您什么也没见到。

几何学是一个美妙的世界，比如真实的数字等许多独特的思想在那里诞生，但又比数字更接近自然一点。如同 13 不是 12 加 1，同样明显的是，面积不是线的总和，体积更是另外一种存在。六边形根本不是多出一角的五边形，正规五边形和正规六边形的构成非常清楚地表明这是两个存在，每个存在都有其自己的面孔。正规的固体，如无杂质的水晶，在几何学的旅途中表现为山峰与悬崖。其中可以看到人的思想，集中了经验与想象，以及每一步骤的推理。

代数则像沙漠的风一样从上面吹来，思想的机器轻松地制造出所有系列产品。这些产品将发挥巨大作用，并引起极端冒险的思想，就像要制造四维固体。用代数的方法，可以独立运行，但用几何学方法则不成，因为缺乏经验。如果说时间是空间的第四维，可以用代数的方法独立运行，经验在这里则说不行。

六十六、不能思考语言的人就不会思考

一切思想方法都包含在语言之中，不能思考语言的人也不会思考。根据这一思想，人们会容易理解，思想不会出现于只懂得一种语言的

人。他所学习的只有无法取代学校练习的版本和主题。在此有人询问为何活语言不能等同于拉丁语修辞学。这是一个无边无限的问题，我无法回答，但可以讨论一下更为容易发现的主题。

一个具有极高文化素养的年轻人是一些英国诗人的朋友，他称这些诗人是真正唯一的诗人。年轻人相信能够通过最高级考试，并可以教法国人英语修辞。他的作文成绩排在前列，他在口试开始时感受到善意的期待，但当他开口发出"th"和"w"的语音时，却遭受了鄙视。考官先是惊奇，然后感到可悲，因为坦诚地说这个年轻人从未跨越过芒什海峡[1]。考官建议他时不时地坐一坐伦敦的马车。这种建议并未使他愉快，他认为这种乘马车的事还是留给那些善于做怪相的人。

我听说有人这样讲，一个英语课的督学，在一所高中里从口袋拿出一个小镜子和一支铅笔，以此来向学生和教师讲授英语课。他向师生展示如何利用铅笔，对照小镜子来练习卷舌。师生们终于利用这一工具较好地发出了困难的"th"音。通过这种方法，通过英国裁缝般的细致，也可以具有英国人的气质，甚至某种英国人的思想方式。但这仅仅是动物的模仿。这种成功使自己变得陌生，绝对的陌生。正如一个人可以完美地模仿一间客厅的装饰，但他不能从此走出。这个怪相便是他的思想。从这些我们称之为英语教师的英国产品里，我不止一次地观察到的一种可笑的翻译方法，既是专断的，又是不当获取的，还是令人鄙视的。他们变化着嘴角的皱纹，这种工作对于思想是怪异的，但被足够鄙视了吗？太过担心被嘲笑会影响一切思想。

1　芒什海峡（la Manche），为法国人的命名，即英吉利海峡。

假设西塞罗正在罗马进行诉讼。在从罗马带来崇敬模仿西塞罗鼻音的游历者面前，我们满腹句法论的拉丁语导师，是何等面孔？可以真切地说，我完全理解一个人能够像西塞罗那样带鼻音讲话的行为。每个人都知道这一交际方法，模仿一个人是为了揣摩其思想秘密。不止一次地运用这一模仿者的方法，我可以在我身上发现别人的腼腆的回响，或是他的欲望，或是他的疲劳，或是一种神秘的宽恕，尽管被习惯地隐藏，都可以感到回响。但这在事务工作上并不重要，不过是蠢人般的狡猾。如果我同西塞罗打官司，我会根据其语音和姿态更好地猜测他为自己所设的防卫。但这包含着什么呢？他的精神来源是什么呢？什么是他思想的结果呢？可以在那里找到一个人吗？幸运的是，没有一个讲拉丁语的酒店门房。因此，这里既没有铅笔，也没有小镜子来帮助我们思想。

六十七、需要阅读和再阅读原版书

我相信，关于人文主义的书籍并非不计其数，都不足以填满一间教室四面墙的书柜。当然，我没有算上那数千册仅仅是评论的书，但清楚的是，如果真正读懂重要的人文书籍，读那些评论还是必要的。永恒的著作被集中在这间教室里，每一本都是最好的版本，每一本书都具有传统文化知识的价值。我根本没有听说过，有人会做这些书的概要，因为这样会完全丢失人们所关注的思想。人们可以直接读柏拉图、蒙田，或圣西门的某些段落，知道他们定义的，或阐明的观点，或列举的证据。我特别憎恨有人说"差不多",或用糟糕的语言表述某一作者的精彩论述。我让青年人,包括我自己来练习这样询问:"一部小说是人们走在路上的镜子,谁在说?在哪里说?"或者这样问道:"为我找到柏拉图的皮囊[1],以及贤人、狮子和水蛇"。"为我找到亚里士多德所说的女人及服从的必要性。""为我找到蒙田的事故。"需要他立即起来,毫不犹豫地打开书,把手指点在这些章节上。至于注释、书卡、索引,我根本不需要,因为需要阅读,再阅读,熟知所有章节,包括带插图的页面。

在这个无拉丁语的文化中,我发现更糟糕的是人们不会阅读。原版书及其主题有一种能力将我们把持在印字的长方框前,就像雕刻爱好者被美丽的雕刻所吸引。雕刻爱好者只说"我认识它",然后便一言不发,他要观赏,再观赏。对一幅美丽的插图,需要认真研究。它的整体,它的各部分的关联,它的光亮与阴影,或是观察细节,或是退后看整体,需要学会观察。在这里,任何东西也不能替代原版书及其主题,也不能替代拉丁语。

有人想超越原版书,但是他们做不到。我们当然可以试一试,在尝试时这样想,文化是这些去而不返、去而不停的阅读的首要敌人。我说的所有这些主要书籍都是法语版本,人们当然可以从中受益匪浅。当如何训练注意力?需要再阅读、背诵、抄写和再抄写。如果英语、德语、意大利语文本可以同拉丁语那样引起人们对文学的注意,我便不做任何决定。首先需要回来用耳朵听你的发音是否与这些国家的人

---

[1] 柏拉图的皮囊,为柏拉图的隐喻,意为人是一个皮囊,里面有贤人、狮子和百头水蛇。

的发音一样好。遗憾的是，你们会看到这种做法会形成另外一种注意力，我认为这种注意力会伤害思想。这在某种意义上说是一种根据口唇的动作捕捉意义的技巧，完全与慢慢地读、谨慎地读、反复地读、充满疑问地读贺拉斯[1]或塔西陀[2]的著作相反。他们的面貌从未改变。我承认，莎士比亚的著作非常值得阅读，但谁会阻止人们把阅读其著作作为理解一个英国人或理解一部戏剧的途径呢？人们总是试图理解那些咬紧牙齿的口中说出的话。于是，我们总是处于模仿的猴山之中。

六十八、根本没有现代的人文主义

根本没有现代的人文主义，以此理由进行合作的也非社会。需要由过去来启迪现在，非经于此，当代人在我们的眼里就是令人迷惑的动物。如果我们缺乏学习，我们就是这种动物，如果他们缺乏学习，他们也是这种动物。发明无线电话的人不过是有创造才能的动物，他所显示的思想有着其他来源。

我看到一些不信教的人什么都不满足。教会的教义乍一看是无法证明的，甚至是荒谬的，因此不去管它。那些从时间角度观察事物

1　贺拉斯（Horace，前65年12月8日—前8年11月27日）古罗马诗人、批评家。
2　普布利乌斯·科尔奈利乌斯·塔西陀（Tacite，58？—120？年），罗马帝国执政官、雄辩家、元老院元老，也是著名的历史学家与文体家，最主要的著作有《历史》和《编年史》等。

的人，隐约觉察到以人的道义讲话的其他神祇，其他仪式，其他庙宇。一连串的难解之谜令人惊奇，综合技术学校的人竟然去听弥撒。人们去听弥撒，需要接近，需要认识一下法治之下民众，即古罗马人的内心世界；需要认识一下善于辩论的民众，即古希腊人的内心世界；也不要忽视相互爱慕的民众，即犹太人所具有的无雕琢和无法实现的崇高。这里是由无限的恐惧，由对从手到脚，对从餐刀到黄油罐的迷信而形成的崇高。而另外两类民众，与我们如此接近，但却是在另一侧面，他们有的全部都是森林之神，特别是山丘之神，以及圣贤、占卜官和肠卜僧[1]。古埃及和亚述[2]形成在远方的土地上，它们更是深不可测。东方国度的梦幻之后，还有波利尼西亚人[3]的舞蹈。犹太人、古希腊人、古罗马人在不同知识领域是那么超前，同时也保留了惊人的错误，如果人们幸运地熟悉他们，就会忽视其他所有人。那些由于不当地怀疑宗教而对此忽视的人仍处于野蛮状态。蒙田可以医治这种无神论，他把我们带到古人那里，需要到那里去。有些人把帕斯卡尔看作疯子，笛卡尔则去洛雷托[4]朝圣。因此我听到有人说，缺乏一种回溯文化的现代人，看到的只能是疯子。我等待通灵论[5]、神智学[6]等所有惊

1　肠卜僧（haruspice），古罗马根据牺牲的内脏占卜的僧人。
2　亚述（Assyria），古代西亚奴隶制国家，位于底格里斯河中游。公元前3000年代中叶，属于闪米特族的亚述人在此建立亚述尔城后逐渐形成贵族专制的奴隶制城邦。
3　波利尼西亚人（Polynésien）是大洋洲东部波利尼西亚群岛的民族群，其起源尚存不解之谜。
4　洛雷托（Lorette），位于意大利中部，相传为天主教圣母玛利亚的诞生地。
5　通灵论（spiritisme）可以被认为是迷信，或神秘学，或一种学说。通灵论相信某些特异现象为实体之外的精神，死去的人与活人可以由此进行交流。
6　神智学（théosophie）是一种宗教哲学和神秘主义学说。神智学认为，史上所有宗教都是由久已失传的"神秘信条"演化出来的。

异学的结果。因为这是过去的时刻,需要通过一种手段跨过它,超越它。经典的学习保证了在这个地球上能够脚踏实地,人在那里专注于相信而不投身其中。我们疯狂的战争就是源于过分相信,因此战争总是发生在那些毫无所见的人身上。

打电话的波利尼西亚人,并不是普通人。在血淋淋的祭台上,没有神。所有血淋淋的祭台上都没有神。人们没有充分看到,玫瑰树上已有的玫瑰花,人文主义者用混合着博迪昂[1]之水的血来洗手。酒神的女祭司[2]返回到大理石的横栏前。诗人治愈了疯癫病。心中的惊异被规训,一个神抵消了另一个神。半人马[3]奔跑却不能抛弃恐惧的负担。苏格拉底和菲德拉[4]赤脚在水中嬉戏。这是我们的赫拉克勒斯[5]的工作,是我们的精神之旅,由此抹去人类纹章上的低级狂热,而毫无伤害的热情在此趋于成熟。饶勒斯[6]是典范,是所有人的典范,是比锻造者更好的典范。因为所有力量都是令人生畏的,甚至是对于力量本身。那么纯文学可以为所有人吗?为什么不呢?看一下对面的思想。

---

[1] 博迪昂(Bauduen)是法国普罗旺斯 – 阿尔卑斯 – 蓝色海岸大区瓦尔省的一个市镇,因其洞泉湖而闻名。

[2] 酒神的女祭司(Bacchantes),为古希腊神话中的酒神狄俄尼修斯(Dionysos)的女祭司,常现以披虎皮的半裸身体,戴常春藤头冠,手执酒神杖的形象。

[3] 半人马(Centaure)亦称人头马,是希腊神话中一种半人半马的怪物。他们的上半身是人的躯干,下半身则是马身,也包括躯干和四腿。

[4] 菲德拉(Phèdre),希腊神话中弥诺斯的女儿,忒修斯的妻子,与忒修斯生得摩丰和阿卡玛斯。

[5] 赫拉克勒斯(Hercule),希腊神话中最伟大的半神英雄,男性的杰出典范。

[6] 让·饶勒斯(Jean Léon Jaurès, 全名 Auguste Marie Joseph Jean Léon Jaurès,1859年9月3日—1914年7月31日),法国社会主义领导者,最早提倡社会民主主义的人物之一,并因其宣扬的和平主义观点及预言第一次世界大战的发生而闻名。

六十九、在崇高之处也有不幸的色彩

人们为了获得智慧而问道何为目标,"首先是古希腊语",这就是我对于这个问题的回答。你们的目标可以是数学或物理学,历史或道德,政治或经济,或简单地以思想为乐,我却要对你们说:"首先是古希腊语。"当然,我也汲取现代的营养,但总是在荷马和柏拉图那里找到一切的开始,纯粹的开始。人们对我说,拉丁语、德语、英语可以带来一种文化,一种风格,甚至是一种启迪。但我确实是十足的辛梅里安人[1],我爱我们的雾,我爱我们的雨。我经常感到在希腊语中尚未抹去的一种厚重的野性。在纯拉丁语中,我感到的文化,是另外一种厚重,是法律的厚重。

古希腊曾经是不信宗教的岛国。在著名的智者之前,我只看到盲目的信仰,在他们之后,我只看到狂热崇拜、信仰之花、圣人。所有这些构成了我们的品质。古希腊使我愉悦,我没有选择。我在古希腊人身上看到了和平的典范,那个时代的雕塑艺术为我们展示了这一点。在柏拉图那里,在荷马那里尤为明显,我们看到了长跑的竞技者,不知是人还是神。这种艺术,这种精神,这种风格的美妙之处,是人完全地、愉快地接受了其作为人的状态,是寻求其头脑之上的完美,在人身上存在的一种永恒的竞技者。这意味着黑格尔[2]所说的灵魂与身体

---

1 辛梅里安人(Cimmérien)是一支古老的印欧游牧民族。
2 格奥尔格·威廉·弗里德里希·黑格尔(Georg Wilhelm Friedrich Hegel,1770年8月27日—1831年11月14日),德国19世纪唯心论哲学的代表人物之一。

的和谐。

从此之后，我再也看不到人的完美努力，而要跳出自己的阴影则是徒劳。以蔑视激情为色彩的灵魂的雄心，把我们置于幽默的境地。在欧洲高峰的人文主义有着由美好到崇高的经历。在崇高之处，也有不幸的色彩。古希腊人因其罪过而不幸，只因为正义。现代人发明的不幸则源于道德。永恒的奥德修斯[1]从这一险境脱身，也从其他危险中脱身。人们明白，为什么我对那些投入到危险的思想职业之中的人这样说："重新启动你的全部激情，重新开始我们的思想。穿上希腊的便鞋。"

怀疑，是美好时刻。没有怀疑，信仰就不会被知晓。需要重新走这条路，但不是仅仅一次，而是上千次。一种思想，便是一种文明。需要从愚蠢的信仰出发，需要从那里解脱，因为人总是在建造同一事物，从肚子到心脏再到头脑。有过这样的时刻，我们思想中的埃及人，有着如同我看到的埃及人的面孔，这个人就被一种思想所攻击。希腊人应当以类似于泰勒斯几何学般令人崇敬的裸体跟随。之后是彩绘玻璃上的圣人。只是我的好朋友（如同苏格拉底所说）关注于拯救这个你需要的赤裸的人，同时还要拯救你的灵魂，以便像历史那样迅速地奔跑。因为并非全都说出，或者所说的未被考虑。一切都是新的。可以看到，这些穿戴齐备的人在其肉体中，在其政治中，在其道德中消逝。

---

[1] 奥德修斯（Ulysse，原文如此。），希腊西部伊萨卡岛之王，曾参加特洛伊战争。

如果泰勒斯、梭伦[1]、柏拉图重新回来,却可以从中看到总是同样的问题,总是同样吼叫的女预言者,被束缚的与颤抖着的思想者。希腊奥林匹斯神战胜了动物神,这是好的标志。但总是重新开始,不要扔掉你的希腊语法。

七十、我们的思想不过是一种连续的追念

当我读荷马的著作时,我与诗人在一起,与奥德修斯和阿喀琉斯[2]在一起,还与读过这些诗的人在一起,甚至还与仅仅听说过诗人名字的人在一起。我为他们和我自己敲响人类的钟声,我在听人的脚步声。由人文主义的美好名称构成的共同语言指明了人的追求,指明了对人的标志的探索与沉思。在诗歌、音乐、绘画这些标志之前,不是要去调解,而是调解已经完成。然而,人们假装相信人类社会还远远不是现实,法国、英国、德国,这都是事实。

既然已经处于这样的位置,就要强化它。如果你遇到一些有思想的军官,问一问他是否热爱还是仅仅尊重现实。不!对于现实,需要考虑,甚至需要特别关注。相反,我们应尊重与崇拜一些也许根本不存在的思想,但却是应当存在的思想,如勇敢、公正、克制、智慧。

---

[1] 梭伦(Solon,约前638—前559年),古代雅典的政治家、立法者、诗人,古希腊七贤之一。梭伦在前594年出任雅典城邦的执政官,制定法律,进行改革,史称"梭伦改革"。

[2] 阿喀琉斯(Achille),古希腊神话和文学中的英雄人物,参与了特洛伊战争,被称为"希腊第一勇士"。

如果任凭这些军官制造舆论，我们就会让那些对社会治安的悲观思想出现，如那些关于道德的条款，而这是我们思想中极少关注的。我甚至说，我们极少关注我们的反对者的思想。因为任何人在任何时刻，都按照应当的作为规范自己，而不与任何其他价值相一致。

还有更好的要说。人文主义已经存在，人文主义是事实。以自然主义看待事物的孔德，最终看到这一伟大存在，看到这一超过我们视野的伟大存在。他把这一惊人发现给我们看，并说人文主义是最现实的、最具活力的已知存在。他的话引起了巨大反响，是何种秘密警察把墙壁封上软面？孔德的弟子说不缺少社会学家。我不知道是谁还能发表这一伟大思想，一个姿势便扫除了一切，远离了一切。一个要使这一思想复苏的大学生随即在他的导师脸上发现不耐烦的迹象，然后是气忿的迹象。允许我崇敬这一态度，不原谅任何冒犯者。

以下是这一学说的要点。孔德首先看到，现实中的合作不足以确定一个社会，而是过去与现在的联结形成一个社会。但不是那种事实的联结，动物的联结，不是因为人对于构成社会的前人的继承，而是因为人对前人的追念。追念是对死者伟大品质的再生，是伟大死者的复活，也是对这些纯净形象的认同，对死者所推崇的事物的敬仰，对死者所经历的珍稀时刻的敬仰。伟大的著作、诗歌、雕塑是崇拜的对象。对伟大死者的颂歌永不止息。他并不是在这样伟大的树荫下寻求庇护的写作者，也并非演讲者。在他提到的每一行文字中，甚至并非所愿，都体现着人类天才的标志，并经所有语言刊印。正是由于这样的崇拜，人才成为人。假设人丧失这些伟大记忆、这些诗歌、这些优美的语言，假设人局限于自我防卫，局限于防卫营地，局限于警笛鸣叫和气忿之中，局限于周边压力的身体之中，他就是找食的动物，就是在障碍物前张口乱叫的动物。

要思考人文主义，或什么都不想。孔德差不多这样说，"不断增长的死亡分量，越来越控制我们不定的存在。"要听好，我们的思想不过是一种连续的追念。伊索、苏格拉底、耶稣都在我们的思想里，其他人一点一点地上升到人的天空。思想的最小碎片散落在祭坛上。诗歌、寓言、图像、图像的碎片、人的饰物，所有这些难解之谜都是我们思想的对象。根本没有民族的思想，我们能想的只是在大的社群中所想。我们直接或间接地，不间断地同先贤的幽灵保持联系，他们的著作、诗歌比青铜器更为经久。这个社会根本不需要去建设，它已经存在，它在扩大其知识宝库。帝国在消逝。

七十一、以人的观点去思想

长期以来，我都以为希腊语高于一切，因为柏拉图无人可比。现在我倾向于认为拉丁语也许更有利于思想。它与我们更近，而我们的语言本身处于最近的位置，只是词汇的形式需要引起我们注意。此外，拉丁语更深刻地使我们变得强烈，变得更好。但不是通过思想，而是通过与我们生活相对直接的形式。因为姿势、态度、热情，以及我们所有的肌肉运动都与语言直接联系。这些有力的笔法，一个词与另一个词的过渡，维吉尔的谜语，就像农民的语言那样，以姿态的方式完成了我们的思想。每个人都通过经验知道其真正思想重点首先在其省份。对于我，我是以诺曼底[1]农民的姿态思想，而不是以市民的姿态思想。但拉丁语更为质朴，其思想根植于大地，充满希望。因此我经常看到，希腊语有更多教益，而拉丁语更利于起步。

我对拉丁语的认识足以使我对优秀拉丁语专家表示尊敬，甚至可以对其定义。这是一个不运用自己智慧的人，至少是不过早地运用人们所相信的智慧。对于他根据语法规则和词汇的本意来行事，我感到惊讶。当智慧被压抑到句法的一些节点上，即使总是机敏灵巧、雄心勃勃，也是一个粗糙的课程。因此，我们被唤起承担以人的观点去思想的责任，我感受到人类惯常的标志，但这绝非我们的心血来潮。我们抽象的思想者总是被忘记，因为他们毫无文采。我们需要去理解的不是思想，而是物体与标志，标志即是人类的物体。我甚至说，太阳、月亮、花朵或六月的玫瑰等物体，留给我们太多的自由，因为它们象征着太多飘忽不定的幻想，或是抽象的思想而不是神圣的人类标志。它以其自身的熟悉的或陌生的魔力，使我被其形式所征服，正如我所愿，我感觉很好，但不是我所知。陌生者从不被认识，因为他明白，哎！他失去了自己，也失去了我。幸运的是，塔西陀是不朽的标志，但仅仅是标志。所有艺术作品都是由其威严的标志而完成与确定思想，但是在写作方面，拉丁语对于法国人具有特别的优势，使我们保持主要的相似之处，它首先要求否定，然后再重新找回。

根据这些发现，人们可以理解经验使我们看到的首先是不好的东西，英语或德语版本根本替代不了拉丁语版本。我首先看到，提供给

---

[1] 诺曼底（Normandie）是法国西北部的一个地区。

我们的通俗用法是现代作家的关键，但几乎没有给我们寻找文学方向的余地。我们就像在荆棘中寻找猎物，做一种对任何人都不好的游戏。我还要说，现代思想根本没有古代思想那样的希望，很容易被驳倒而不能继续。从那里的悲伤出来，去读莎士比亚或歌德的书，我听到一些对于我们已经结束的事情，正是在我们所处的地方。从他们开始的现代社会，开放得并不久远。

七十二、向古老知识致敬

心理学家说，"家庭就是一个社会。我非常同意，但家庭拒绝社会的法律，如把公正、权利、平等视为外来之物。家庭也是生物的，谁也不能改变。法律的作用巨大，但不能决定人心的公正。"

社会学家说，"正如我们所说，不能阻止家庭的变革。古罗马时代的父权在我们这里不复存在。我们可以找到更奇怪的家庭制度痕迹，父亲被轻视，孩子用母亲的姓，或母亲的兄弟成为男性的头儿，也是今天的父亲。不要相信这样的制度没有道德，也不要相信男性头儿和母亲之间的爱是大罪过。"

读者说，"我看到你往那里去。在原始与文明之间自然发展起来的这种风俗的多样性，这种奇怪的差异，完全扰乱了人性。允许我第一百次地向古老知识致敬，野蛮吞噬了父亲。你们把人的这些碎片抛给了师范学校的学生，让他们去缝合，如果他们能够做到的话。"

社会学家说，"真实的并非是令人喜爱的，这些我无法改变。如果相信，就像阿尔列金[1]那样有些傻，而且到处都像这里一样。戏剧的真实摧毁了人们认为永恒的思想。同样，实证的社会学打开了可能的领域。爱因斯坦已经为我们提供了新联结的应用，我看到了我们不曾知道的思想。我们放松吧，我们温顺些吧。"

心理学家说，"非常漂亮，但我担心这些隐喻，腿上多出的关节。对于一个纯粹的文人，什么是更简单的思考呢？我们什么也看不到。一个机体各种相互连接与平衡条件的成功组合，其中可能的差异比我认为的小得多。对于爱因斯坦，我认为他毫无变化。"布阿斯[2]问道，是否需要重新做他的光学论文，没有人回答他。我的朋友，许多是静力学家，而与他们合作的是动力学家。

那个读者说，"您使我想起某部像奥古斯特·孔德写的社会学著作。他充分地解释道，这一科学依赖之前的所有科学，并支持这些科学。人们容易理解历史学家这类奇怪的学者，他们公开蔑视数学、机械、物理、化学、生物，但至少在一段时间，又重新接受社会学，这让人发笑。同样，孔德小心地说，家庭的失败形式可以解释，如同怪兽那样，只是他根据真实的类型，推断出他的社会静态论的生物条件。在我看来，人们很少读这些理论。此外，所有人应当知道的是演绎法，这是更抽象、更先进的科学所要求的，它在所有研究领域可以提供实验的关键方法。但你们的社会学家，如果不是狂妄自大的话，也是快乐的无知者。因此，我的亲爱的社会学家，您不属于有幸享有多种快乐的人，

---

1 阿尔列金（Arlequin），意大利喜剧丑角。
2 亨利·布阿斯（Henri Bouasse，1866年11月16日—1953年11月15日），法国物理学家。

您根本不听我的话。您拿出表来，意味着时间到了，我看得十分清楚，您要去讲课，更多是讲家庭、住宅、习俗、农业，或历经年代的无论何事。在门关上之前，还有一个建议。单独的动力学首先是容易懂的，但立即变得不可理解。从静力学开始吧。"

从门中窗户透过的光给他以回答。商人的微笑。

七十三、没有适当付出便没有正当的身份

我是一个坏学生，至今还是。不知有多少回，我被两个哲学审查者查问，他们戴着尖尖的无边帽，帽上挂着一个小警铃。我一张嘴，他们就说我是异端，就是不认识的新东西。但给我诊断的医生却什么也不说，无论如何什么都不说，因为他们极为有礼貌。但戴尖顶帽的审查者显示出不耐烦，头上的警铃响了起来。第三个戴着警铃尖顶帽的审查者，在我面前有所许诺，条件是我得老实些。一切都徒劳。今天，当我碰见戴着警铃尖顶帽的商人，不用他报价，我就从他的摊贩面孔中看到严肃和有些厌倦。这就是关窗板的商人的常见表情。

现在轮到医生讲话了，那么两个医生怎么说呢？他们需要说吗？这不重要。一个医生说，"是头脑不清。"另一位医生说，"是观念联想。"正如莫里哀书中的放血法与排泄法可以医治所有疾病，如果把头脑不清或观念联想调整好，他就会立即头脑清晰，这不成问题。

我总是喜欢约瑟夫·德·迈斯特[1]的话,"属性,这个女人的属性是什么?"我看到他头的动作。如果他头上也戴着有铃铛的帽子,他就不会有这样的动作了。

我的医生说着他们的看法。一个说,我们的思想是一个看不见的朋友的作品。当人们知道其所想,一切都已经完成,已经过了好几代,是由另外的我,一个我不认识的我,一个比我更是我的我所完成。这个我可能也有这样的意识,但是对于他,而不是对于我。另一个医生说,"但一个意见是什么,如果两种思想相左?要明白,它们在精神中游荡,突然遇到一个极小的事件,一个思想的钩子挂在另一个思想的环扣上。你们的女儿刚好在这时变哑了。"在他们的讲话过程中,我欣赏的是我的医生,正如一个跳舞的女人只在意自己的头发,他从头至尾都没有摇动头上的铃铛。我更加欣赏是,当我看到他们抬头朝上看那种沉思的样子。因此需要构建第三种思想,正如巨人庞大固埃[2]在索邦大学学习,我一边对自己说,一边自由地晃动着脑袋:"不,解释你们思想的根本不是头脑不清的人,也没有带着钩子与环扣的思想,而是悬在你们尖帽上的铃铛。"

这种思想并非无价值。我的思考从来就有宽广的视角。因为晃动帽子的思想是错误的,是魔鬼般的错误,首先没有适当付出,也没有正当的身份。如果哲学家、牧师,甚至军人们帽子上的铃铛都响起来,

---

1 约瑟夫·德·迈斯特伯爵(Le comte Joseph de Maistre,1753年4月1日—1821年2月26日),法国哲学家、作家、律师及外交官。
2 巨人庞大固埃(Pantagruel)是法国作家弗朗索瓦·拉伯雷1545年出版的小说《巨人传》(Pantagruel)中的主角。

我们可以想象这是何等喧闹的景象。铃铛放置得越高，那些永不锈蚀的铃铛就越容易响起。当铃铛响起，狗就会叫。这样因果的现象使草率的医生知道会出现哪些坏思想，如果这样的思想出来，也是对铃铛的回应。我经常听这些谨慎的讲话者讲话，经常讲得较短。我欣赏他们从远处看到一种危险思想，在尚未进入时便能迂回。应当更好地评价他们的谨慎，他们根据铃声来思想。仪式遵循正统。我应当说，为了公正，这个出自于我的思想，如同其他许多思想，如同我从栅栏上越过，一只脚在前，另一只脚在后，这充分地解释了铃铛帽子的作用。

七十四、疯狂的思想总是模模糊糊，即刻被颂扬、被歌唱、被崇拜

心理学与社会学共同打击初等教育。社会学还好。历史学缺少当前时空与前瞻视角，趣闻轶事掩盖了机构与机制，历史学应当在历史普世概念的思想中复兴。人文主义将呈现在儿童的视野中。我们正式的社会学家可能没有完全地想到这一点，但这并不太重要。孔德的思想中已经具备了充分的实证主义社会学，我们的教师会在那里找到。它会因其力量而获胜。

心理学是一种坐错位置的科学。爱讲话的人和医生各自在对方的侧面，心理学被他们搞得支离破碎。在这里，不要担心我弄错，我可以对教师们说，不要在这些徒劳而混乱的研究上白费功夫，他们不会有任何收获。借助于社会学思想的强力，他们重新回到孔德那里，追

随这个审慎的思想者关于心理学的评价。不必担心，这个强力的头脑非常清楚要把你们引向何处。通过实证主义哲学奠基者今天仍然新鲜的发现，需要看到个体中的思想规律是不可见的，可见的只能体现在物种上。如果用词汇表达，需要这样说，实证主义心理学将是社会学的科学，或什么都不是。我可以通过例证来解释这一高级看法，据此，我们的所有心理学图书应当被销毁。

所有心理学家都被带领去思考这些思想的源头，在那里有无限的争论和一大堆混乱的观点及错误的道路。如果这些观察者仅仅注意地阅读《静态社会学》中题目为"人类语言的实证理论"的不朽章节，他们也许会懂得儿童在学习思想之前就在学习讲话，或者说，儿童在学习思想的同时学习讲话。儿童首先想到的，完全不是根据其短暂的物理学的经验，而是根据仅仅通过人类场景阐释词汇的公众经验而形成的最抽象和最困难的思想。当儿童通过眼与手开始接触事物来学习，即使没有母亲与奶妈，只要长时间处在事物与他本人之间，他就已经是形而上学者、神学家、诗人和魔法师。对于儿童这样的学习，我们什么也不能做，这是幸运的，因为人类漫长的童年就是这样消受。

那么什么是人类最初的思想呢？根本没有简单一致的经验。相反，出自于政治经验的疯狂思想，不同于经验教训，总是模模糊糊，即刻直冲云霄，即刻被颂扬，被歌唱，被崇拜。寓言和神话为我们提供的这种冒昧的一时之作、虚弱思想，不过是人类儿童期的思想。而此时的社会学家，在孔德的推动下，已经远离纯粹偶像崇拜的研究。真实的情况是，他们从先师所赞赏的整体精神回转，已经不能重新认识在未开化思想之上的其自身思想。这就是为什么我向那些愿意学习的人说:"像读《圣经》那样捧起奥古斯特·孔德的书,用十年时间,你们就有资格嘲笑索邦人了。"

七十五、学习并不难,学校的工作不过是安排好的游戏

初等教育交给了精神病医生。人们知道他们是如何根据疯人的情况错误地重塑理性的人。根据机械原理,一个音准不对的竖琴和一个调好音准的竖琴之间确实没有多大差别。但在一个纯正的人身上,就像一个音准持续的竖琴一样,中等人要克服机械的力量,轻松愉快地处于人的道德水平上。疯人则在斜坡上滚爬,由于这样微弱的差异,便远离于人们所相信的理性,因为他们的话语对我们仍有一些意义,但不是对他们自己有意义。因此,如果精神病医生不是十分高超的话,便不能看到这样的划分。然而,高超的精神病医生毕竟稀少,也许比伟大音乐家还稀少。

有一些不正常的儿童,人们称之为智力发育迟缓者,但这种说法并不好。它被一种表面美好的思想所掩盖,但根本不够,智力发育迟缓的儿童可以与最小年龄的儿童相提并论,从吃奶的孩子到7岁娃娃。但也不是如此简单。正常儿童的成长会有惊人的跳跃,当我们找一些方法教他识别颜色时,他会突然征服所有人。当小小人已经瞧不起、不屑一顾的东西,教育者还在努力使他们愉快地学习。医生把智力发育迟缓的儿童召集在一起,尽力让他们学习一些东西,当然这是好的。然而,当他感到打开了这些缺乏天赋的记忆,能够使不稳定的注意力

转向学习,他便相信找到了教育的秘密,并把这一秘密带给我们。在他看来,所有学校教师的所为都不适宜,都是过早行为。由此召开大会,教师被当作儿童,要从叫"爸……爸,爸爸"开始学起。

举例说明。首要的是将智力发育迟缓的儿童排序,准确了解他们所处的情况。需要区分那些听到一个词便想到某个事物的儿童,那些看到某种姿势或行动想到某个事物的儿童,那些看到一些临近事物想到某个事物的儿童(看到锯想起木头的儿童),以及那些看到某个事物想到其他事物的儿童,区分不能连续模仿与能够连续模仿的儿童,以及其他儿童。有的儿童只知道坐在椅子上,另一儿童则知道把倒下的椅子扶起……通过这些"检测"或测验,我们可以了解应如何对待这些脆弱的孩子。小学生对医生报之一笑。

人们在学校传播这些惊人的创举,这些因被支持而惊人的创举,这些因被相信而惊人的创举。有人制造了一个带活动关节的纸板小人,通过不同姿态可以显示出字母或数字,但儿童难以形成这样的想象。还有人尝试把某些辅音与某些姿势联系起来,以便识别,例如捏鼻子表示"n",拍胸脯表示"p"[1]。为了更具体些,我请你们读《布瓦尔和佩居谢》,两个小家伙试图通过回想炸鱼的滋滋声记住希尔佩里克一世[2]的名字[3]。这两个创造者与医生不谋而合。孩子们并没有感到困难,他们都适应这种方法。而我却从中看到弊端,除了教师已经

---

1 法语单词"鼻子"(nez)和"胸脯"(poitrine)的第一个字母分别为"n"和"p"。
2 希尔佩里克一世(Chilpéric, 526—584年9月28日),法兰克王国墨洛温王朝的国王(567年3月5日—584年9月28日在位)。
3 法语中的象声词"tic"与希尔佩里克的名字发音有相似之处。

占去大量的时间，还要浪费更多时间，儿童们就这样几乎总是在其能力之下工作。与他们的期望相反，与他们的更美好愿望相反，我敢说这样的话，学习并不难，学校的工作不过是安排好的游戏，它制造出一种有条理的疏忽，一种拘于礼节的老成。我在一些非常著名的幼儿园里看到的这些迹象非常令人吃惊。但那些幸运地瞄准比人更高目标的儿童会以严肃的态度战胜这些弊端。

七十六、母爱是社会的第一学校

小学教师浏览着专为他们编写的社会学教科书，我也曾有这样的目标。我发现书中有认真阅读的标记。我知道这个人不信宗教，热情奔放又严肃固执，我看他的面孔就像变化不定的蒸汽。然后，他全都明白了，就像平常习惯那样直接回到问题上，他对我说："如果您能给小学教师上社会学的课程，您会怎样做？"

我对他说，"毫无麻烦，毫无困难。我把孔德四卷的《实证政治》[1]再读一遍，而对于六卷的《实证哲学》[2]，我只需要记住事关当前的内容就足够了。在这样广阔的领域中，我首先把阐释科学的连续性及其历史，同时也是宗教的历史作为开场。我强调，所有关于人和世界的

---

[1] 《实证政治》（*Politique Positive*），完整书名为《实证政治体系》（*Système de politique positive*），为法国社会学家奥古斯特·孔德所著，于 1851—1854 年出版。

[2] 《实证哲学》（*Philosophie Positive*），全名为《实证哲学教程》（*Cours de Philosophie Positive*），法国科学哲学家奥古斯特·孔德于 1830 年至 1842 年间陆续出版的哲学著作，共 6 卷。

人文概念首先是神学的概念，童年和想象总是走在前面。同样重要的是，儿童都理解最错误的思想如何是最先呈现的思想，这种思想把宗教置于诸多自然事物之中。这一例证显示出社会学不同于历史学，我把这一思想归结为，社会学作为所有科学中最复杂的科学，又依赖于其他所有科学，也是最后从神学中脱离出来的科学。这一观点甚至涉及知识的整体及其缓慢的发展，也是我的社会学研究的一个方面。因为科学的发展关系到政治与道德的进步，从最初的神权政治到军事文明，最后到我们所处的工业文明。

我们可以安排三或四次课。因为我服从于整体精神，我将根据大师的意志连续讲述三个核心理论。首先是关于家庭的理论，家庭作为整个社会的细胞，我要以此为契机，说明社会学如何依赖生物学。沿此思路，我将描述母爱是社会的第一学校，然后过渡到关于祖国的理论。在这个布满陷阱的主题上，我保持比作者更为严谨的态度，认为祖国处于把人从家庭中提升起来的文明时刻，向人传达更为广阔的情感，近乎于生物学情感那样强烈的情感，让人趋向于热爱整个人类。就这样带入我的主题的核心，我将根据我的前提课的准备进一步解释，人文主义是唯一的存在，是唯一的社会，这就是人文主义的知识与崇拜，特别是其伟大人物奠定了道德基础。我不过是复制了实证主义学家的日程，并做些简化，以便为我的听众提供一个年度计划，学校可以据此参与真正的人文主义，并无例外地使阅读、书写、计算、历史、地理、道德等各项工作服从于此，让真正的教师陆续参与其中。"

他说，"很好，这使我很高兴。但在这本教科书里，我找不到您说的一个词。这使我感到惊讶。"

我对他说，"有两种社会学，一个大的和一个小的。小的社会学首先对科学的次序不发表看法，对之前的科学和更容易的科学致以崇敬的忽视。第二，关于家庭，小的社会学坚持未开化的习俗，喜欢惊奇的东西。第三，关于祖国，小的社会学近乎于幕僚学说，据此学说，社会是人的偶像，全部道德就是感受与崇拜社会联结。在这个意义上，用一个恰当的题目表示，社会学就是一种有关统治的学说。至于人文主义，小的社会学则有所忽视，或更好地说是将其推迟至更好时刻，大量的行为被过滤并加上标记，整体精神被这一历史上的方法严格地放逐。"

"这就是我的社会学教科书的缩写版。"

七十七、怀疑是全部科学的工具

小学教师问我："社会学到底是什么？最大和最新的秘密是什么？如果忽视或根本不知道这些秘密会怎么样？这不是对于野蛮人的陌生观点的一些看法，而这些野蛮人却具有独断的雄心，他们向何处去？改变政治吗？朝哪个方向？达到什么目标？或者说这是即将来临的时尚？"

我回答他说："社会学在当前被盲目崇拜。当然，孔德建立了伟大理论，如同我们的感受和思想的外貌。人之所以为人，是由于人的社会存在。这个社会与太阳系一样是自然的和必然的，我们需要同它良好运转。如果没有真正的科学武器，就会被这些伟大思想压倒。正如人们长期崇拜太阳和月亮，人们在开始也容易崇拜社会。同样需要实证精神，它逐渐地由天文学、物理学、生物学等一系列科学形成，以便构建社会学的必要基础。这个必要基础是如此靠近我们，与我们如此密切，如此地动人心弦。例如，不能缺少被生物学意义上的继承所摧毁的精神。这是他们不太了解的精神。物理学和化学表面上通过简洁的直观方式告诉我们，原子大涡流解除了带给我们的束缚，实际上这些科学告诉我们的是力量，正如培根[1]所言，人获胜于自然，又服从于自然。但需要清楚地认识到，不要陷入物理与化学的绝望之中。同样，还有更充分的理由，生物学研究要求已经具备的顽强精神。需要懂得照顾与会治疗的人，需要少有惊恐，哪怕是患上所有疾病，看见细菌到处都是也不惊恐的人。更好的是，这个社会学的学习者，对这个不过是可怜的细胞的大机构有所畏惧。不必去尝试理解它，只要去布道，去宣讲即可，这是一个先知，这是一个真正的信徒。"

小学教师对我说，"迪尔凯姆[2]说，需要与这种思想保持一致。但孔德不就是一个神秘主义者或有宗教幻象的人吗？"

我回答他说，"关于孔德，只需要相信他。只有十卷书要读，在那里可以找到所有答案，甚至根据百科全书式的知识找到真正的神秘主义者。孔德本人非常清楚地预见到，如果它能够脱离纯文学的话，即可以成为新科学的东西。当他论述社会学时，从不相信新科学是天

---

1 弗朗西斯·培根（Francis Bacon，1561年1月22日—1626年4月9日），著名英国哲学家、政治家、科学家、法学家、演说家和散文作家，是古典经验论的始祖。

2 埃米尔·迪尔凯姆（Émile Durkheim，1858年4月15日—1917年11月15日），又译涂尔干、杜尔凯姆等，是法国犹太裔社会学家、人类学家，与卡尔·马克思及马克斯·韦伯并列为社会学的三大奠基人，《社会学年鉴》创刊人，法国首位社会学教授。

文学、物理学和生物学。阴暗的宿命论，阴暗的盲目崇拜……"

小学教师又说，"如果我没有搞错的话，谁能极好地回应大战的悲惨经历。因为人在那里容易有宗教幻象和绝望，也不是没有野蛮的和非人性的幸福感，特别是那些只想感受而不去做的人。您只让我想到，作为我们社会学家难以消化的食品的野蛮人，是一种狂热崇拜者，是传统、谣言、模仿、舆论的疯人，是缺乏关于任何事物的真实知识的人。"

我对他说，"我们来看，这里需要冷静的眼睛，正确的思想体系根本不需要宣教，也不需要自以为是。因为感受到自己身体中的细菌和遗传物质是危险的事，而更危险的是在自身的狂热崇拜之中，承认社会怪物的存在与力量。怀疑是全部科学的工具。但我们尚无准备的社会学家相信天文学却不认识天文学，相信物理学却不认识物理学，他们在这里能做什么呢？"

他怀疑地问道，"如果我去构思正确的社会学，是否有其他需要注意的规则？"

我回答道，"确实有。孔德发现社会学思想并非整体思想之外的思想，它回过来支持整体思想，反对所有关于特殊研究的企图，认为只有一个社会。真正的社会学家的特有目标，它所赋予部分的、具体的、时间的意义，就是人类本身。正确的结论是，我们的科学离开泰勒斯、托勒密[1]、喜帕恰斯[2]就什么都不是。如果没有自犹地亚[3]和古希腊开始

---

1 克劳狄乌斯·托勒密（Ptolémée，约90—168年），古希腊作家、数学家、天文学家、地理学家、占星家。

2 喜帕恰斯（Hipparque，约前190—前120年），古希腊天文学家，有"方位天文学之父"之称。

3 犹地亚（Judée），古代以色列南部山区地带的通称，自1948年成为约旦王国之"西岸"。

的著名革命，我们的习俗将是另外的样子。如果古罗马人未能征服高卢[1]，我们的法律将是另一类法律。因此，我们也不是这块土地的子民。读孔德的书吧，你们会看到他所写的历史。至于野蛮人，甚至实证思想家构建的偶像崇拜的思想，总是依据比较的方法，指明需要他们纯正的信仰，除非在若干没有进入我们公众群体的虔诚者身上，孔德被忘记和被否定。需要相信，实证精神仍然是人类认识的最好指南。"

七十八、考试是意志的练习

考试是意志的练习，考试在意志练习中既美又好。那些为因恐慌而胆怯、颤抖、空虚做辩解的人，在做非常糟糕的辩解。这些过分企望，过分担忧的错误，以至于根本不能刚强地自控，是最严重的错误，或许是唯一的错误。我再来谈无知，或更好地说，我寻找考生所知道的东西，我把他推向高处。在因胆怯而麻木但却对考题都会的一个男孩或一个女孩面前，你们认为我应该怎样做？当人们面对既毫无所获也毫无所失时，太容易做理性判断。由此开始便很好。学校看起来十分美好，因为错误在那里没有任何重大不良后果，不过是一些纸张的丢失。一个男孩做出百余个混乱问题，就不再有学习困难，或在考试时胡乱对待这些同样问题，或首先想到正确答案，但一下子天旋地转，一塌糊涂，这就是一次丢人现眼的经历。同样，一个射箭者在瞄准纸

---

1 高卢（Gaule）古代西欧地区名，法国、比利时等地。因其原始居民为高卢人而得名。

板野猪的练习时表现极佳，而当他需要救自己生命那一天，却把箭射到野猪旁边。知识，毫无用途的知识，比无知还糟糕。无知即乌有，它不知道思想的任何邪恶，而带情感的错误显示出未开化的思想，我甚至说是不公正的思想。

什么是公正的思想？衡量一下这个如此自然的强力表述。它意味着这样的情况，即当一个人在自己所知的东西上出错，是重大自尊使其愤怒，他感到就像其不知道等待的调皮孩子那样侵犯其尊严。一个人也会在共同的语言上出错，哪怕是一个漂亮的表述，他把全部力量都用于他的微妙与脆弱的思想上。如果我就此气愤去撞击一把结实的锁头，锁头会顽强地抵抗，限制我的动作。而我的思想不是孤立的，不是只有我才有这一思想，它因极好控制的关注而诞生，而保存。人们甚至可以说，这些思想只能在其意愿中消亡，也许是人类最严厉、最不被知晓的法律，最微小的骄傲或雄心的痕迹使我们变傻。

家庭精神还极度地未开化，这是强烈情感的结果，这种情感天然地相信一切都归于家庭。当儿童基本上根据心中的这一谋略生存时，他总是想到亲情的继续，寻找亲情的标记。当他独自在考场中，远离他所习惯的被热烈厚爱包围的环境，就像在候见厅中的求职者。如果可以说的话，他凝视着自己的虚弱无力。这有些不妙，更糟糕的是，他对不被关爱感到气愤。他等待着雄心勃勃的时刻，一个不值得高兴的时刻。然而，他长久地等待，不断地等待，尽管人类的世界被怪相的商业所蒙骗，他还在等待服侍和政府的价值。这就是为什么考试的试卷是有用的和公正的。虽然朗诵是容易的，但不能征服朗诵的人也不能征服其他任何事情。一个不能克服懒惰与无知的人，也不能克服自命不凡，他会不停地喊，"帮我！帮我！"这样喊叫可能会感动父亲、母亲，有时甚至是普通教师，无论这短暂时刻关系到谁，问题是别人却是聋子，是哑巴。

七十九、组建一个密切的无区分的同届学生群体，所有人相互赞赏

我绝不是统一竞考[1]的敌人。这是一种规定的竞赛，如球赛、拍赛。正如人们看到，不熟练的掷球者或击球者刚好组成一个最好的公众圈，为球赛而争吵，毫无妒忌地为他们心中的冠军欢呼。学生群就像球迷圈，形成几何学、拉丁语或法语演讲各自的爱好者群体，他们知道一个小家伙不太刻苦，也不成功，但却看到他总是能够发表最有力的观点，而让他去做预见，甚至为一个人或另一个人去打赌。还需要看到给予赞美的幸福感，对年轻人和所有人都是那样强烈。但首先需要去体验，了解什么值得去付出，从而唤醒整体精神。这种感受相当接近于动物性，从他可怜的自身的耻辱、欲望和烦恼中挣脱出来，不仅趋向愚蠢、不公正、暴力，而且又特别强烈。依据我的观点，宽容也试图在这里经过，这种盲目的品德几乎做尽了人间的坏事。

田径运动通过其严肃性和真实性净化了所有领域的雄心，这已经

---

[1] 竞考（concours）是一种淘汰考试，一般根据事先确定的数量决定录取人数。而普通考试（examen）则根据成绩确定合格与不合格，确定优或良等不同等级，或不同分数。

十分明显。一个无充分论证，甚至毫无任何真实性的厌恶人类的论文，支持中等身材的人只会对拳击和脚击感兴趣这样的观点。没有人轻视自己的判断，辩论便由此产生。我甚至相信，最平常的人的情感更接近于一个好诗人或一个优秀的讲演者，而不是一个不可战胜的拳击者，因为对于拳击，人们不能说羡慕的是平等，但对于思想，人们却敢说，这些话说得真好。如果给予对抗的、模仿的和值得赞赏的竞赛一件最高尚的、最值得尊重的和贴近的物品，就不是一个小小的优惠。全部思想总是处于理解之点上，而最初的感受封闭了所有其他可能的思想。天才的人将其思想固定在其话语之中，这恰好是每个人想要说的和将要说的。

在学校的排序中，造成伤害的是糟糕的排位，而不是好排位。糟糕的排位衡量与认定了平庸，并将其固定于此。我更喜欢得以区分第一或第二的桂冠，其他所有人则一律平等，组建一个密切的无区分的同届学生群体，其中的所有人相互赞赏。我数次体会到这种感受，历经数年而不衰，每个人都以与头戴所有桂冠的学生为同窗而自豪。如果是在否定的一面，这种感受就变得悲哀，只能是自负与幼稚。然而，平庸的学生却真正可以在某些学科有好一些的结果。同样的作者，同样的作品，同样的话语，所有企图都构建成形，都获得显著成功，最模糊的思想都变得清晰有序。一句晦涩话语的真实意思，或一种难以表达的思想的真正阐发，会启发那些仍在徘徊的人的内心思想。作家是远距离的模范，而由于如此新鲜的无知，由于所有学生们的共同错误，由于共同存在的简朴，同学之中是如此熟悉，如此亲近，完全抹去了神奇的思想和上天的恩惠。学生们相互接近的评价，丝毫不会贬低优胜者，相反能够提升其他人的悲观心理，而这种心理在此年龄学生中是最不好的东西。需要看到这一突出感受，是被驯服了的崇拜，但通过班级的整体精神、一致欢呼、集体仪式而变弱，通过外部的途径和不可比拟的力量消除了悲观、耻辱、痛苦。他因此将为自己的思想体现在已经学会阅读的别人身上而欢呼。

八十、著作梗要，虽无危险，却不能生产出合适的东西

在考试时，老年人坐在桌子一侧，年轻人在另一侧。老年人与年轻人至少是二对一。注意，这十分清楚。年轻人装出年老的样子，注意模仿老年人的皱纹。老年人有时也做出敏捷的动作，做出显示强壮的惊人一跳，为的是让人害怕。年轻人也假装害怕，做出一种模糊的姿态，既像克服了害怕，又像要生气的样子。这一切差不多保持了社会秩序，最弱者通过非常老道的计谋掌控了一切。人们描述某些野蛮人安排老年人手持树枝，以便确认那些能够摇动树枝的人可以继续存活。但这只是一种传说，没有任何真凭实据。在所有社会，老年人都坐在树上，禁止摇动。

苏格拉底坐在地上，并满足于此。但有时他摇动人群中某人的胳膊，让爬在上面的孩子掉下来，同大祭司们开玩笑。一些孩子喜欢这种有趣的游戏，另一些孩子则不太喜欢。游戏终止于毒芹水，一种镇静的药水。谁也没有看到，或控制好药水的剂量，导致一个小小年龄的孩子不明不白地死了。如果从摇篮起，所有孩子都时不

时地悄悄喝一点，也许就没事了？检查的唯一目的是了解年轻的苏格拉底是否有规律地喝无限小剂量的毒芹水。但小苏格拉底总是不停地诞生。

如何知道？只要向这些年轻人提出一些不止一次震动世界的问题就可以了，摇动讲授奶酪的教师所栖息的树吧。宗教、司法、价值层次、文明、人的命运，这是一些不要提的问题，人们却刚好提出这些问题。这就是让人们去摇树。由此知道那些在摇树的人，或仅仅是传播关于摇树谣言的人，还需要无限小剂量的毒芹水。

年轻人因此学习说他们不知道的东西，学习对从未读过的书做概述，因为这没有风险。而那些众所周知的伟大作者对于年轻人有太大风险。如果看到暴躁的柏拉图，或笛卡尔，或康德，看到他们所作所为，做了一件非常糟糕的事，就像暴风摇撼着各种大树，就像碎石纷纷落下。当然有一些概要，但都浸透着无限小剂量的毒芹水，这种食品虽然没有使人变老的危险，但却不能生产出合适的东西。

再来看一看他们的状况，设想这些在河边裸体的人，他们绝不是思想者，而是伐木工。那么如何命名那些蔑视秩序，远远地从属于自由人的完美，仅仅是自由的朋友的人？从这里我懂得了这个不可触及的粉末状的社会学，就像化学家说的合成毒芹水，人们用来浇灌所有具有天然颠覆性的思想。如果把人作为目的，正如老人说，一切都不行，但如果把社会当作目标，一切都可行。

八十一、相反的观点经常出现在同一个人身上

把世界大战的情况讲给孩子们听,是一个好主意。但世界大战的题目之下还有什么呢?是虔诚的谎言,还是不折不扣的实情?在这里,我看到我们含糊的政策就像胡蜂发出的嗡嗡声。我知道得很清楚,历史学家说,并总是在写这个令人心惊的主题之前要求自己:"不要知道是否真实,不要知道我们国家是否处于优势。"正是根据这一推理,德雷福斯[1]受到了判处。幸运的是,同样这些人,当他们看到事情的问题时,像公羊那样低下了头,他们说道,"我不改变一个字,如果这样使我们盲目的志愿者不高兴,活该!"这便是相反的观点,经常出现在同一个人身上,教师可以据此编写自己的故事。永远的彼拉多[2]不止一次地问道:"什么是真理?"怀疑主义便是一种背叛"是"的文雅方式,我曾经说它是十之九次背叛。为了更好地认识那些轻而易举行骗的狡猾的思想,我现在说它十有十次背叛。

当然,谁也不能准确描述战争的具体情况,只能说:"就是这样!"我们不是有一些支持或反对战争的小册子吗?不是有一些支持或反对传统政策的小册子吗?一本小册子!给那些将在大诉讼案中参与评判

---

[1] 阿尔弗雷德·德雷福斯(Alfred Dreyfus,1859年10月9日—1935年7月12日),是一名法国犹太裔军官,1894年被误判为叛国,导致德雷福斯事件。法国作家左拉(Émile Zola)发表著名檄文《我控诉……!》(*J'accuse...!*),法国社会因此爆发严重的冲突和争议。此后经过重审及政治环境的变化,事件终于1906年7月12日获得平反。

[2] 庞提乌斯·彼拉多(Ponce Pilate,拉丁语:Pontius Pilatus;?—36年),罗马帝国犹太行省的第五任巡抚(或译总督,26—36年在任),为罗马皇帝在犹太地的最高代表。他最出名的事迹是判处耶稣钉十字架。

的孩子们。怎样做？然而，教师应当知道从诺顿·克鲁[1]的《见证》一书中找到重要启示，诺顿·克鲁开始在世界中发出声音。尽管我十分认真地阅读过这本厚重的书，但我不想用几句话去评价。人们注意到其中的错误，每个人都可以发表反对战争的强烈偏见，发表与各种一时具有漂亮色彩的观点相区分的偏见，或仅仅是可容忍的偏见。在这里，步兵们起来审判总指挥部，我自己的情感在这几页文字中成为可选择的食物。但我在这里的作用，就是我经常给别人提出的建议："你要更好地支持你的对手的论文。"这就是我在苏格拉底那里找到的有力方法。在这里需要纠正步兵们的记忆，正如贝扎尔和德尔维尔的著作及皮埃尔弗[2]的《大战略部署》[3]，他们描述中心指挥官的思想与情感。人们对领导者无视泥浆、疲劳和事情真相便不再惊奇，也不惊奇他们冷静地在电话中命令："不惜一切代价夺回失去的阵地。"相反，人们努力去理解消除怜悯的另一种勇敢，自问道："可以不这样吗？"因为，清楚的是，执行者不是尝试行为的判定者。而这个残酷的游戏有着其规则。重要的是要在整体上思考，就像操作一部机器，这个钢铁的系统明显不会考虑人的肉体，它会在操作点上撕裂和碾碎投进去的所有物质。

通过这些接近于描绘战争真实面貌的方法，我们就能够保证和平

1　让－诺顿·克鲁（Jean-Norton Cru，1879年9月9日—1949年6月21日），法国作家，因1929年出版其著作《见证》（*Témoins*）而著名。

2　安德烈·贝扎尔（André Pézard）、查理·德尔维尔（Charles Delvert）、让·德·皮埃尔弗（Jean de Pierrefeu）均为法国第一次世界大战的见证者。

3　大战略部署（Grand Quartier Général—G.Q.G.）为第一次世界大战（1914—1919年）期间法国的整个军事布局。

吗？我一点也不相信。人是一种暴躁的动物，他会轻易地陷入不幸之中，有时甚至陷入绝望。我只是想说，应当知道人之所愿。在著名的弗雷德里克[1]时代，人们因虚华荣耀的故事而沉迷于一个美男子，并为此奉上一瓶葡萄酒。他签名，但他不知道承担什么。老实人[2]的所作所为，从头到尾都是这样痛苦的经验。我不相信征兵者的方法会有大的变化。只是每个人应当问自己，是否接受征兵者的做法，使容易受骗的青年们陶醉，让他们去经受可怕的危险。什么？如果我能够在让老实人开始喝酒之前，向他直截了当地描述前线地区、饥饿、泥浆、攻击、棍杖，就能够制止他吗？或者像驯犬那样训练人，蒙住眼睛以避免害怕。勇敢可以教吗？欺骗也可以教吗？那些相信于此的人永远也不敢说出口。他们在做，但却不敢承认。他们可以相互承认吗？然而，这种力量上的胆怯，并不能蒙骗我，这是我们唯一的武器。谁知道这些，就把锁链的一个环节打开，所有问题迎刃而解，只需要一点点耐心。

八十二、把成人都难以理解的东西讲授给儿童，是这些道德课程的弊端

公民道德课带着棘刺。我不是说危险，只是说主题内在的困难。

1　弗雷德里克·巴斯夏（Frédéric Bastiat，1801年6月30日—1850年12月24日）是19世纪法国的古典自由主义理论家、政治经济学家，以及法国立法议会的议员。

2　《老实人》又译为《憨第德》（Candide, ou l'Optimisme）是1759年启蒙运动时期哲学家伏尔泰所著的一部法国讽刺小说。老实人（Candide）也是小说中的主角。

把成人都难以理解的东西一股脑地讲授给儿童，这就是这些宏伟课程的弊端。另外，清楚的是，当权者从来都是不停地教导人民与其政策保持一致。如果服从，就是盲目崇拜，如果抵制，也是盲目崇拜。反对激情的也许只有激情。然而，可以自信地说，任何盲目崇拜对于儿童都不好。

孔德通过实证与推理精彩地论述了这一主题。我们可以遵循其论述，可以把其思想带至儿童那里。还要避免暗礁，就是避免别人的激情和我自己的激情，我就是这样驾驭我的小船。每个人都鄙视自私的人，鄙视那些只顾自己的利益和自己安全的人。基于从属于友情规则的集体精神，一个孩子有时会表现出慷慨，甚至一种英雄主义。例如，他可以经受责备与惩罚而不向老师告发做坏事的同学。在此众所熟悉的例证中，显示出一种盲目的志愿崇拜，因为老师考虑的是学生们的利益，学生们都明白于此。但在这里也要分辨出真正的勇敢，真诚的诺言，尽管没有固定模式，儿童们不乏勇敢与真诚。儿童通过这种社会化的情感，与其他学生联结起来，体现着完全的荣耀与完全的羞耻，并超越了动物性的利己主义，为他人而生活与活动，发展成为真实的道德。

我们来把这种远非完全坏的崇拜，与更为自然、更为强烈和普遍敬重的家庭崇拜做一下比较。无论如何，我们都不会去评价父亲，也不去评价母亲，无论如何，我们都发誓爱他们，对他们的错误视而不见。我们不会揭露他们的短处，也不会在任何方面反对他们。在这里，社会情感比其他任何地方都更强烈、更自然。在这里，更为明显的是，自发的利己主义被克服，人们克服了自我，人们甘于奉献。在这个值得注意的例证里，我们发现利己主义与利他主义如何密切地混合在一起，传递着其独特的力量和自身的活力。这便是孔德的伟大思想：我们最卓越的情感，自然也是最脆弱的情感。人需要学会爱。

同样继续着孔德的伟大思想，我们应当想到，我们从对祖国的热爱中汲取利他主义的情感，摆脱劳作或生意的懈怠状态，总是把这样的情感体现在我们自己和我们的亲人身上。因此，需要以真实的色彩描绘这一具有感染力的热忱，通过公共演讲、仪式、纪念活动来促进这样的情感，奇迹般地把巨大恐惧转变为伟大友情。于是，人们不再去评判，不再去遮蔽，忘记了正义。至少在一定时间，人们以此为乐，以勇敢、耐心、奉献为美德，以为自己比以往更强大，因此感觉更好。人们勇往直前，无所畏惧。正如评判党派精神那样，这种热忱也要像所有狂热那样被评判。意志的盲目性在那里是不可否定的，但也需要重新认识伟大品德，忘我的时刻可以提升人的文明品质。如果想要构建人的真正面貌，需要树立一些英雄形象，但要小心，不要把如此轻易使人陶醉的权力，把试图抬高自己的谦逊，与置所有危险于不顾，直至为他人而生死的崇高精神混同起来。这还不算是正义评判，但至少是一种工具。

所有事先的真实都这样集中在一起，需要评价其价值，并与普遍情感相比较，宣布祖国并非最高价值。天主教不能被轻视，乃至不能忘记其名称。好的方向足以使我们重新认识到，祖国经常使人忘记正义，当权者怀有明显非道德的思想，总是错误地说，力量走在正义之前。正如历史所揭示的，在那里如此多的帝国，如此多的征服，少许的善混同于诸多的恶。我们总是与普遍情感相一致地做出这样的结论，所有值得称为人的人，其自身应当获得一部分自由的与不可克制的正义。这种正义，如人们所言，可以衡量国王之秤腐败与否，最终在正义的英雄身上确认最高价值，而不论其血统与国家。人道主义将在其心中，并希望在世界中实现。

这就是全部思想，完全是共通的，将出现在教科书里。在我看来，我们通过一种自然的谨慎，不向儿童传递自身的激情，防止讲出更多的话。当然，我们可以少说一些。

八十三、没有惩罚，任何威胁都显得可笑

我讲授"服从"。一个粗俗的读者对我说，我付钱为的就是认识这个问题。这是真的。如果我们伟大的先生们听我说"服从"，他们会认为把自己的钱放错了地方。这是一类贪得无厌的人，难道他们不愿意服从、尊重，甚至热爱吗？那么好，这个粗俗的读者，在他们与我之间，在你与我之间，我们记上一笔账。

所有权力都是绝对的。战争使人们懂得这些。一个行动只能在行为者一致的情况下才能成功，而当他们具有世界上最好的意愿，只能在迅速执行命令中取得一致，没有任何下属会以评价和讨论来消遣。否则，在拒绝或仅仅犹豫面前，意味着领导应当强迫服从吗？这立即导致最后的威胁，稍后就是最终惩罚。没有惩罚，任何威胁都显得可笑。我敬佩那些在可能的事物中轻松接受战争的人，然而却在此引发人道主义与正义，就像敌人推动我们有闲暇去关心人类与正义。需要知道

我们要去做什么。

根本没有和平，因为还有敌人。这就是为什么所有当权者都是军人。火或水，两者必居其一。道路已封闭。您问为什么，卫兵也不知道为什么。于是，这引发了公民权利问题，您要过去，卫兵以军事方式制止，并招来后备部队。如果您有过激行为，您会被痛打，如果您亮出武器，卫兵会首先动用武器，并把您击毙。当权力不能强迫服从，便没有权力。如果公民在恐惧之前，不能理解、不能体会到这种强大的机制，也就没有秩序。战争遍布街区的所有角落，看客遭受打击，正义消失殆尽。

很好，这就是法西斯主义掩盖的真相，这就是诸多人真实的体会。但需要理解，需要划定范围，需要限定、控制、监督、评判这些可怕的权力。因为没有任何人在可以为所欲为、毫无控制的情况下以自己的激情，以自己的信仰忠实于正义。因为人只相信他自己。如果文明人相互许诺不断地、顽强地抵制权力，这就是为什么说他们的服从会使人害怕。但如何做？既然服从，他们还能做什么呢？还有他们的评判。

思想从来不应服从。几何学的论证足以显示这一点。如果您相信那些话语，您就是傻瓜，您背叛了思想。内心的评价是最后的庇护之处，也是充分安全的庇护之处，需要加以防卫，永远不需要出让。真是充分安全的庇护之处吗？让我相信这一点的是，这个奴隶能够继续生存，明显是由于自由人跪在头领面前的求情。他的赞赏是奴隶的幸运，然而他说奴隶值得这样。对我来说，我不能明白这个自由人，这个步行的狩猎者，我称他为好人，秩序的朋友，至死不渝的执行者，他还能做更多的事,我就听见他欢呼、赞扬、热爱这个残酷的头领。但我宁愿这个自由人保持坚贞不屈,精神的坚强,坚持怀疑这个武器,总是对头领的计划和理由提出质疑。为了避免更大的恶,可能丧失真诚团结的幸福。例如,绝不要相信,只要孤注一掷地服从,战争就可以避免,也绝不要相信,税费会被精确地计算,花费也会被精确地计算,依此类推。因此要对领导的行为和讲话敏锐地、坚决地、无情地控制。同样传递给他的代表,同样的坚持与批判精神,以便使当权者知道要被评判。因为尊重、友情、关照可能逝去,正义和自由可能丧失,甚至安全本身也不复存在。想一下广泛谈论的德雷福斯事件终于重见天日的情况。我非常清楚,这个好的自由人,绝没见过这种事,也不会相信这种事。需要了解的是,极度的权力滥用和静悄悄地认罪,是无控制的权力不可避免的结果。没有任何理由去培养相信已经具有优秀品德的人,但却有诸多理由去教育曾经有过,但已丧失道德的人。这些痛苦的但却有用的思考,给出了一种激进精神,一种很好命名但却难以理解的思想,这是源于不懂服从不懂热爱的脆弱的灵魂。粗俗的读者,你高兴吗?不,也许不高兴。我不管当权者是否高兴,他们从来都不高兴,他们想要的是一切。

八十四、不要轻易同意多数人的观点

团结就是力量。对,但这个力量是谁的力量?如果唯一且同样的思想占据了所有头脑,民众的利维坦[1]就可以带来一切。那么,然后呢?我瞥见了团结的永久成果,一个强大的力量、信条,异端分子被追捕、被驱逐、被流放、被杀戮。团结是强大的存在,团结就意味着其本身,而不是其他任何东西。军事理由在这里显示出它的力量:"我绝不允许属下总是批评,我要人们同意我的观点,我要人们热爱我。"这就是说,让成千上万的东西归为唯一,它压倒一切。这种一致的景象令人陶醉,甚至可以感受到它的脚步声。每个人都等待着美好的结局。然而,波拿巴的士兵转向皇帝的加冕礼,所有先前的秩序得以恢复,他们不能转向任何其他方向。团结显示出来,它自我庆贺,它拓展,它征服。其他一些思想都是徒劳的。

在一个自由人,一个毫无承诺、总是逃避、总是孤独的人,一个毫无快乐也毫无悲伤的人身上,就没有思想。执行者没有任何自由,首领也没有任何自由。这个疯狂的团结之举牵制了两者。让他们分离,或让他们会合,这都不是思想。或干脆想让他们团结并保持团结,这也不是思想。力量的法则是铁的法则。一切有力量的决议在于已经有的力量,而不是将要发出的力量。什么是将要发出的?所增加的,也是将要分离的。建立在思想预感之上的力量,战栗着,并感受到失败。别人的思想,无论是什么,都是头领的敌人,但其自身的思想,未必就不是敌人。当他想,他即在分离,他在自我评价。思想,即使是独自一人,也有听众,也会把力量给予任何人的思想。真是有所冒犯。

1　利维坦(Léviathan),是《希伯来圣经》中的一种怪物,形象原型可能来自鲸及鳄鱼。"利维坦"一词在希伯来语中有着"扭曲""漩涡"的含义,而在天主教则是与七宗罪中的"嫉妒"相对应的恶魔。

如果任由全部政治生活自行发展，就会演变成军事生活。

小的党派或大的党派，小的报纸或大的报纸，联盟或民族，教会或团体，所有这些集体存在都为寻求团结而丧失了思想。人所集合的群体从来不会有哪怕是小小的头脑，一个发挥作用的头脑。讲话者有时面对反驳者，但他相信自己会获胜。他会被打败的想法，或已经被打败的想法，从来不会在他的头脑中出现。

苏格拉底走出去又走回来，倾听，询问，总是探寻别人的思想，但这丝毫不会使自己变弱，反而获得一切可能的力量。这经常使别人气恼。因为我们的思想并非总是我们所愿，甚至差距很大，需要逐步清晰。只有他与自己完全自由，只有他与其他人，两者都完全自由。此途之外，没有一丝思想之光，此途之外，没有任何真正的教育。人在与同类人讲话，是为了他的平等。几何学的最小验证重建了不可见的思想王国。最微不足道的经验也是如此，因为如果没有自由的讨论，就不会有任何类型的验证。人不需要知道得太多。

然而，我们就是这样学习，没有其他途径。那些有兴趣阅读柏拉图著作的人，那些追随苏格拉底曲折路径的人，首先会发现这些大路的导向迷茫。同样，也不要说一种自由思想就能保证获得许多东西，更不要轻易地同意多数人的观点。一个踢球者在某种意义上说毫无所获，但当他输掉一场比赛之后，却赢得了健全的双臂和双腿。因此，苏格拉底赢得了比那些表面漂亮的演讲更强烈的满足感。在希腊这样的小国，在那个幸福的时代，人们看到了自由的开端。我们仍然生活在这枚宝贵的钱币之中。然而，我们人类的面团，虽然厚重而独断，但还是幸运地存有一点点自由的酵母。因此，存在于两种人之间的帝国教育总是在整个国家和所有地方重现，从未完全地获得成功。还有一丝怀疑之光。啊，守夜之光，你们不要昏睡！

八十五、艰涩的经历之后需要走出天真

一个无产者小组用"知识"这个美丽的词汇作为口号。这立即唤醒我美好的记忆。我通过唯一强力的目光，看到这个突然而至的集中观点，全部成为军事的谎言和政治的谎言。世界上无任何暴力革命的唯一例证。外国战争的威胁被忘记，同时恐惧也被忘记。人权第一次被抬到高于祖国之上，一切强权都在被不公正判处的无辜者的平反申诉前退却。安静与相信自己力量的人民，仿佛集合在一座无边际的大礼堂，蔑视地听着最优秀的政治悲剧表演者的讲话。全世界都在崇敬地凝视这些和平大会。这时，资产阶级和无产阶级混同在一起，最有教养者把他们的科学放在公共宝库之中，离开了更富裕的生活。清楚的是，在这些民众大学里，交易是一种友情而不是科学。当然，不需要更大的光明来理解暴君的游戏，当他们让我们颤抖，也不过是为了取笑。还需要顶多十年来判定，这个三年的法则既没有多给我们一个人，也没有提前一小时，它只不过是向同盟国俄罗斯和敌国德意志宣战而已。于是我明白，我曾经太轻视对手了。孤独的无产者在其梦想之中，资产者在封闭之中，官僚们小心翼翼，青年人果断无声，这便是人们的生活状况。统治的艺术有着丰富的源泉，我们突然发现被带至童年。但说到底，很难关心年轻人自己的命运，而不过是拯救唯一

的无辜者，其实说什么都没用。然而，所谓宽厚却是不止一次地欺骗。现在则是杀戮，它的前面是一片平庸。

因此，我们需要寻找能够保持清醒，激发已经成长起来的青年的途径，我想从难忘的经验中获取最好的成果。在过去一段时间，在政治空论派与大众教导者之间有一种冲突。这个大事件，对于我们旁观者来说，则是在毫无防备地动摇着所有信仰，是要扯着他们的胡须除去所有神祇。所有党派都有其信条及其神明。困难的是带领我们的朋友去实践这一精神的自由体操，在那里根本看不到最接近与最迫切的需求，更不是看起来是唯一最有用的需求。我们把可以娱乐的文化带给没有娱乐的人，他们经常鄙视我们思想的游戏。天文学和物理学以其自身的细节，令人疲惫，历史则可以使人发笑。健壮的听众不相信民众曾经愚蠢地追随政治。于是有人嘲笑热烈的爱情，他根本体会不到任何结果。但这个嘲笑者却是第一个热恋的人。一个艰涩的经历之后，现在需要走出天真，通过诗歌的训练，去体验这些无论如何想象都不过分的强烈激情。我听说，我们的无产者朋友最缺乏的，是关于事物的科学。原则相当容易理解，这个关于人类属性的古老科学，散见于伟大著作之中，需要阅读二三十遍。如果第三十遍阅读是惬意的，而第一遍则是困难的、徒劳的。

八十六、没有任何人毫无所羡

人们说，新一代是难以管治的，我希望是这样。然而，人们还没有看到政治中的信号，如果这不是由于权力的极端谨慎，也会在舆论中引起注意。而我感兴趣的，是智慧的行动，因为未来依赖于此。如果不想成为奴隶，首先不能上当，要在细节上坚持。拒绝相信就是一切，这种拒绝充分说明智慧。

有一种天主教运动。如果听到天主教的完整意义，这甚至完全是一种运动，一种普遍的运动。人们时常所敬重的普遍性，是人的最高点，是拒绝者。任何人不能祈祷无边无际的拒绝，拒绝羡慕财富、力量、强势。是的，是对事物衡量的担忧，是对获得这些事物的担忧。没有任何人毫无所羡。智慧不仅在首先牺牲下层神灵时显露，同时也通过实现其权力及其目标的高超思想而显现。需要考虑的思想是，思想依赖每一个人，思想乃是每个人应当拯救其灵魂的思想。

拯救其灵魂？您想说有不止一种倾听的方法。但差距并不远。如果您能为我找到这样一位神学家，他公开教导人们拯救灵魂，同时谄媚权贵，首先迎接他们的到来，重复他们喜欢的话而不顾事实，那么我承认您赢了。然而您根本找不到。全部宗教的基本思想，是全都计量，全都考虑，家庭、愿望、权力、公共秩序、祖国，以及其他事情，全都要计算，都要同等对待。在这个意义上，应当超越与否定全部教会，教会并非上帝，还有其他事物。甚至上帝也不是上帝，还有其他事物。自由的思想者继续天主教僧侣的运动。拒绝一切的修道院还只是一个意象。全部思想便是瞬间的修道院。

然而，在我看来，当前青年敢于对权势说"不"，甚至说得很强烈，也要对有思想的自己说"是"。人们可以说，这是因为一些曾经的青年人带领他们至此。但运动总是有更深刻的原因。当青年人看不到教师的长处，便嘲笑，便离去，便去寻找那些不仅仅是阅读的书籍。或者是科学，或者是诗歌，或者是哲学，那些孤独者、不满足者有望成功。

为什么？潮流来自远方。我们不能测量自由，任何人都不能测量自由。为了听得更清楚，人们需要站起来。残酷的战争未能将其杀死。武装的人民有诸多思想。有影响力的修道院引导思想至带来思想的人那里。这不仅限于少数人。几乎所有人都想到这一次他们将消灭战争。这一思想还没有被埋葬。共同的主题，也是深层次上的宗教主题。这并不比价值的修正更容易，价值总是在获胜者的傲慢之前被重建。我们在进行战争，但还有其他事情。我们是胜利者，但还有其他事情。战争完全地唤醒了思想。全部思想有其后续的东西，也是思想，这足够了。承认还有其他事情的人，也是思考有人在思考的人。暴君已死亡。

还有另外的变化。妇女也参与思想，这个运动犹豫不定、障碍重重、曲折迂回。对于作为律师和医生的妇女，这没有多大的变化。问题来自于女大学生群体，人们相信，秸秆多于种子。但最微不足道的思想在继续。妇女们在寂静中行动起来，直至拒绝像学生经受教师考试那样可怖的审查。不是人们相信的那样过于迅速，情感并未扭曲思想，而是饱含着真诚。结果是男人虽拥有力量，却因不坚定的胆怯而羞愧。在那里，我们拥有的根本不是漂浮不定的革命，而不过是通过扩散的自由与坚持而实现的微小的、自负的变革，但其例证尚未得见。

图书在版编目（CIP）数据

教育漫谈/（法）阿兰著；王晓辉译.—北京：商务印书馆，2019
（外国教育学术译丛）
ISBN 978-7-100-16230-2

Ⅰ.①教⋯　Ⅱ.①阿⋯　②王⋯　Ⅲ.①教育—文集　Ⅳ.① G4-53

中国版本图书馆 CIP 数据核字（2018）第 124942 号

权利保留，侵权必究。

外国教育学术译丛
教育漫谈
〔法〕阿兰　著
王晓辉　译

商　务　印　书　馆　出　版
（北京王府井大街36号　邮政编码100710）
商　务　印　书　馆　发　行
北　京　冠　中　印　刷　厂　印　刷
ISBN 978 - 7 - 100 - 16230 - 2

2019 年 2 月第 1 版　　　开本 880×1230　1/32
2019 年 2 月北京第 1 次印刷　印张 6
定价：30.00 元